江戸文様事典

片野孝志

河出書房新社

目次

江戸の生活感の造形——4

◉カラー図版 I

波に千鳥文様——6
草花と鳥文様——7
月と波文様——7
木蓮文様——8
曳舟文様——8
雪輪に水仙文様——8
間道花文散らし文様——9
唐草文様——9
あぜ道文様——9
露芝文様——10
遠山桜文様——10
結び文文様——10
梅文様——11
絵奉書文様二種——12

◉カラー図版 II

網代文様——45
算盤縞文様——46
手毬と菊文様——47
芝翫縞文様——48
籠目文様——49
壺々文様——50
雷文様——51
まんじくずし文様——52

◉カラー図版 III

井桁に紋付の蝙蝠文様——85
波に千鳥文様——85
唐草文様——86
菊丸つる唐草文様——87
鯉の十字架文様——88
鍵と引手文様——88
鳳凰文様——89
養老縞文様——90
万祝文様——91
松笠と松皮菱文様——92
流水に杭文様——92

◉

秋草文様——13
葦革文様——14
葦水面文様——15
網代格子文様——16
網目文様——17
菖蒲に釘抜き文様——18
菖蒲に小花文様——19
井桁に千鳥文様——20
井桁の飛白文様——21
市松花菱文様——22
糸まき文様——23
団扇文様——23
沢瀉文様——24
籠目に梅ちらし文様——25
傘松文様——26
亀づくし文様——27
花門に兎文様——28
烏文様——29
変わり井桁文様——30
変わり渦文様——31
変わり格子文様——32
変わり格子文様——32
変わり紗綾形文様——33
変わり蜀江文様——34
変わり海松文様——35
雁木文様——36
煙管文様——37
亀甲花菱文様——38
切紙つなぎ文様——39
雲に稲妻文様——40
鯉の滝のぼり文様——41
河骨文様——42
蝙蝠つなぎ文様——43
高麗屋格子文様——43
小花散らし文様——44
紗綾形地に千鳥文様——53
桜に檜扇文様——54

桜と霞文様――55
賽(さい)の目文様――56
七宝(しっぽう)文様――57
蜀江に雨竜文様――58
蜀江に蝶文様――59
三本筋に花文様――60
縞に松葉鶴の鳥襷(とりだすき)文様――60
蛇の目に霞桜文様――61
書院に梅と菊文様――62
正月飾り文様――63
松竹梅文様――64
雀文様――65
算盤縞文様――66
竹垣に菊文様――67
立涌(たてわく)地に秋草と蝶文様――67
竹に藤文様――68
立涌に桜文様――69
竹格子文様――70
蝶の縞文様――70
月忍(つきしのぶ)文様――71
蔦に片輪車と扇文様――72
蔦文様――73
蔦文様――74
鼓(つづみ)文様――75
鶴と松竹梅文様――76
灯籠(とうろう)と蝙蝠文様――77
飛び矢文様――78
鳥の羽根文様――79
中村格子文様――80
流れに紅葉(もみじ)文様――81
波文様――82
波に兎文様――83
波に竜文様――83
波に千鳥文様――84
波に鳥文様――93
縄つなぎ文様――94
熨斗(のし)文様――95
熨斗文様――96
萩に桔梗(ききょう)文様――97
麦秋(ばくしゅう)文様――98
撥(ばち)に駒文様――99
花籠目文様――100
花散らし文様――101
播磨屋(はりまや)格子文様――102
花籠文様――103
干潟に水鳥文様――103
藤蒔絵文様――104
菱文様――105
双葉葵文様――106
葡萄(ぶどう)鳥文様――107
宝珠に熨斗文様――108
牡丹文様――109
牡丹唐草文様――110
升格子文様――111
松皮菱に菊文様――111
水に雨竜文様――112
水に桔梗文様――113
三つ大縞文様――114
三つ葉葵文様――115
むじな菊文様――116
紋付蝙蝠と瓢箪(ひょうたん)文様――117
柳縞文様――118
柳に蝙蝠文様――119
柳に燕文様――119
柳に燕文様――120
雪輪に桜文様――121
流水に桜文様――122
六弥太格子文様――123
割付け文様――124
割付け地に桜文様――125

カラー図版解説――126
用語解説――127

●本書は原則として五十音順に配列してあります。ただし文様の形によって順番を入れかえたものがあります。

江戸の生活感の造形

本書は江戸時代を中心として、多くの器物につけられた文様を、平面の図版に置きかえて集めたものである。前著『日本文様事典』では、発生の起源をたどりながら、ベーシックな伝統文様をとりあげたが、ここでは、それがより洗練され、庶民のものになっていった時代のもので構成している。

それまでの時代は、外国から到来した文様を日本なりに消化して、伝統文様として引きついできたが、この時代になって庶民文化が華やかに開花し、新しい文様が数多く創造されたのである。

江戸時代の安定した社会では、伝統技術を守っていく配慮がなされていたので、一部の特別なものを除いて、ハイクラスのものから日用品まで安心して生産にはげめた。同時に技術的にも拡がりをみせ、衣裳、陶芸品、漆器などが一般大衆の中に浸透するようになった。これら道具類や衣裳につくべき文様の需要も多くなっていった。

だれでもが無地のものから文様のついたものを手にできる時代になったわけである。これは一部のものを俗にしてしまうという悪い一面もあったが、多種類の中から自由に選択できるという利点もあった。大勢の目で厳しく選択されたものだけが、三百年もの長い間蓄積されて、今日の私たちに文化遺産として残されたわけである。

ここでとりあげたものは、その時代に作られた文様のほんの一部にすぎない。これらの文様の何層倍かの文様が作られながら、現在の私たちの生活の中では、ともすれば忘れられてしまっている、というより目にふれる機会さえないといった方が正

上　豊国画「風流七小町略姿絵　かよひ小満知」右の女性は養老縞文様（図版102）、左の女性は七宝文様（図版63）の着物を着ている

下　月忍蒔絵提重　月忍文様（図版80）の漆器（東京国立博物館蔵）

しいだろう。

この時代の文様は、前の時代の系譜に属さないものが多い。生活の中で実感としてとらえたもの、あるいは季節の風物など即物的な要素がとても多い。たとえば煙管（きせる）の文様（図版42）や箪笥（たんす）の引手（図版100）など日常品として使っているものからとり出したものがある。

また、蝙蝠（こうもり）に柄をつけてしまうというやり方（図版95、132）に典型的に見られるように、何ものにもとらわれずに造形していって、うまい語り口というか、昨今の言い方でいう切り口の良さといったものがやたらと多い。

これらは生活感が鋭敏で、たえず衆人の中で已れを見つめていた人たちが創造した世界だと思われてならない。

1 波に千鳥文様

2 草花と鳥文様

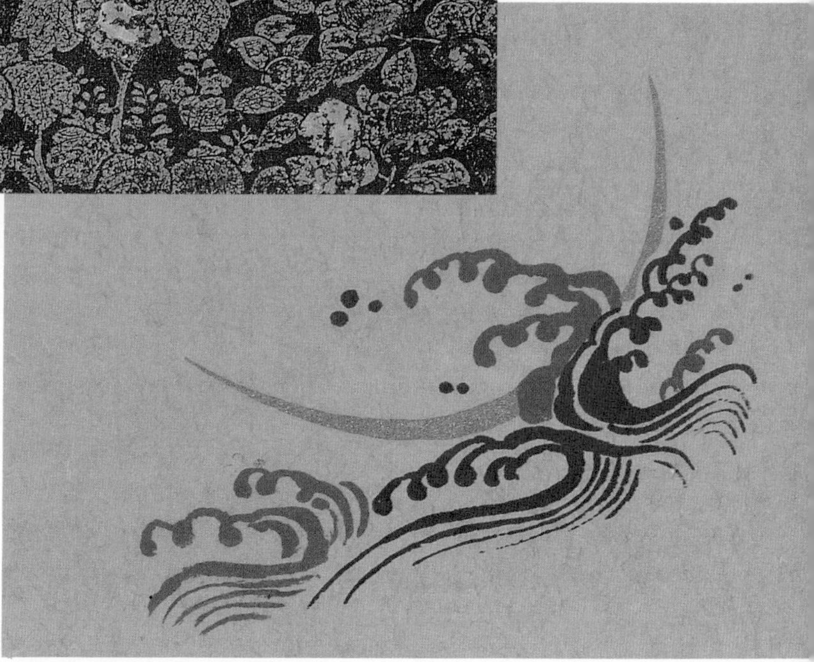

3 月と波文様

4 木蓮文様

5 曳舟文様

6 雪輪に水仙文様

7 間道花文散らし文様

8 唐草文様

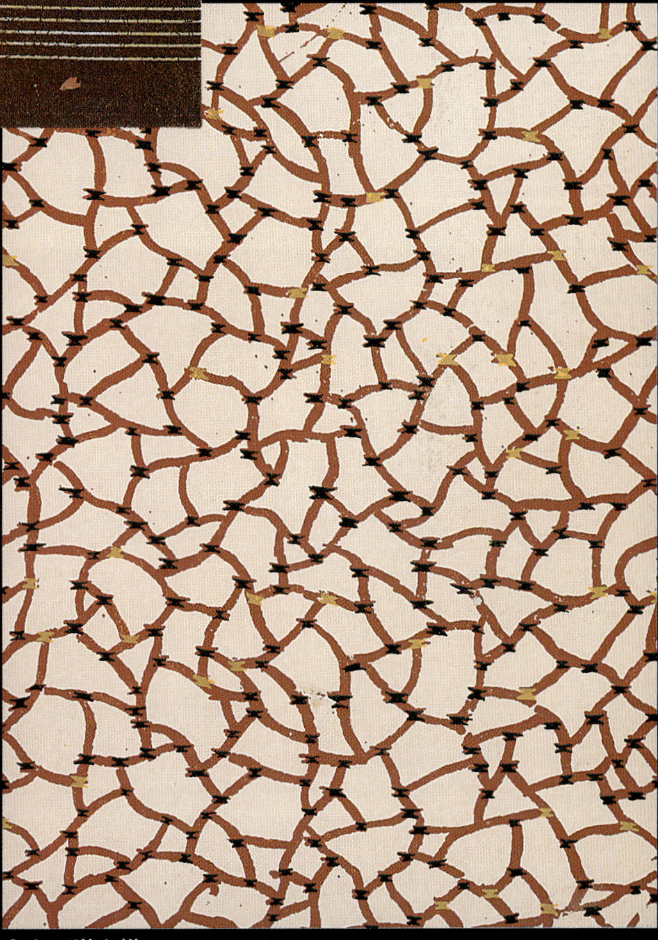

9 あぜ道文様

10 露芝文様

11 遠山桜文様

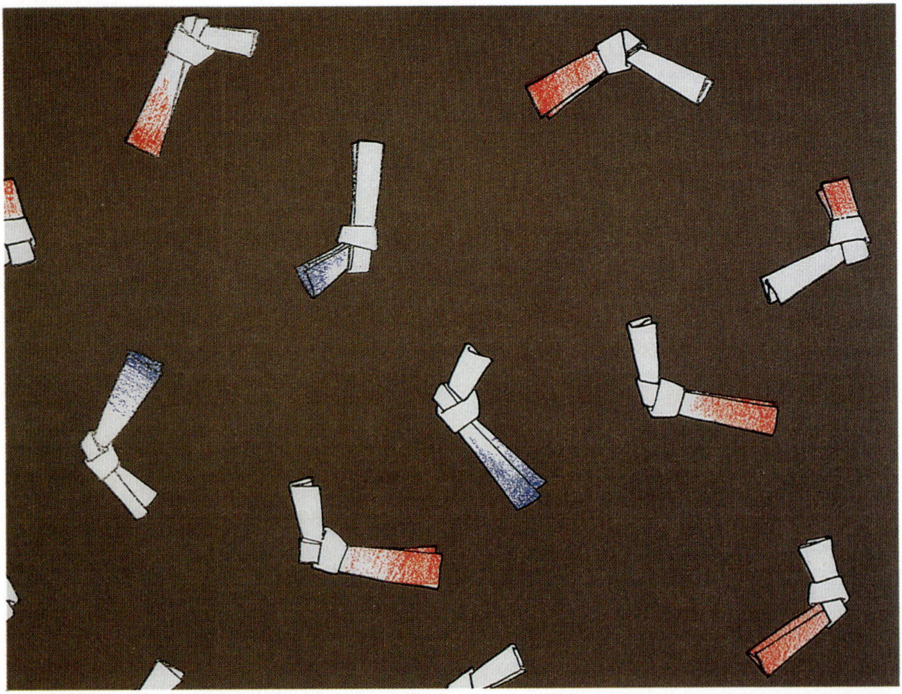

12 結び文文様

13 梅文様

14 絵奉書文様

15 絵奉書文様

16

16　秋草文様

縦に流れるような線で全体を構成し、その中に野菊やすすき、萩などの秋草をあしらっている。時にすすきの葉が秋風にゆれて、流麗な線を作り出している。

17

17　葦革（あしがわ）文様

燻革（くすべ）でつけられた文様。平列構成が普通だが、同じパターンを使ってランダムに置き直したら、印象がひどく変わった。こういう文様は、まだまだ料理の仕方がある。

18　葦水面（みなも）文様

春先の水面がきらきらと輝いているような情景を思わせる文様。葦や水草は縦位置でやや大きく、水面は横に並べて同じ形を繰り返している。単純であって、風物を彷彿（ほうふつ）とさせるすぐれた作品だ。

18

19

20

19　網代格子文様

網代本来の形から、文様として独立させた造形的な意図のある優品である。格子として直線の正方形を意識しながら、網代の素材が生みだす自然のぬくもりをみごとにとり入れてある。

20　網目文様

この文様は単独でもよく見られるが、他のテーマと組合わせて使われることも多い。欲しい物を網でとらえるという心の動きがそうさせるのだろうか。魚貝類にかぎらず、網に入れられて文様となる例がいっぱいある。

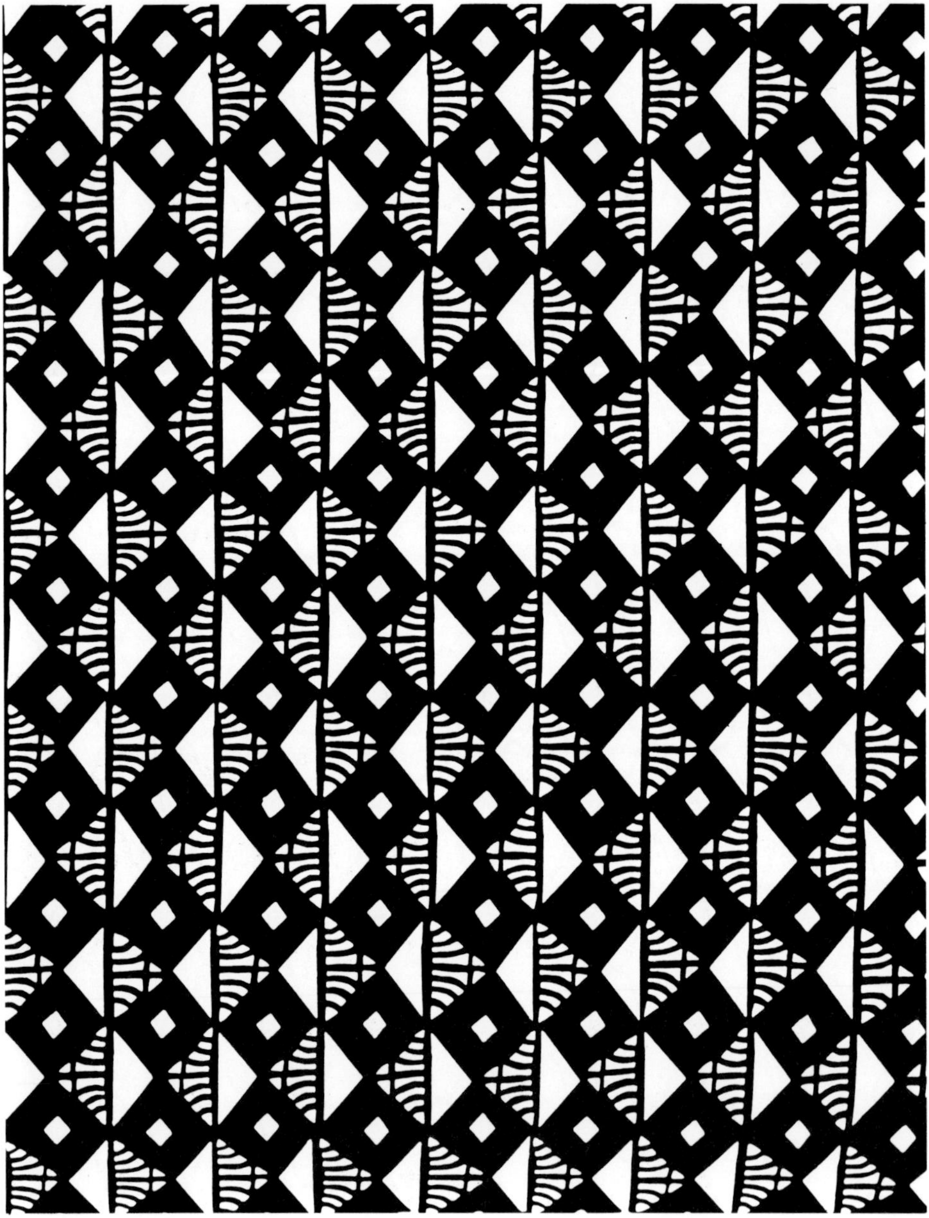

21

21 菖蒲（あやめ）に釘抜き文様

釘抜きの頭は、なるほどこうなっているが、穴のあいた四角を釘抜きと言い切るところがいかにも江戸である。菖蒲とのとりあわせも唐突だが、仕上がった文様は美しく楽しい。

22 菖蒲に小花文様

少し離れてみると、三角形の鱗の形に構成されているのがわかる。菖蒲の形が三角になっていて、三つ並び正三角形の頂点になるところに花があるからで、花の曲線が鋭角になるのを防いで柔らかい雰囲気を作っている。

22

23

23　井桁に千鳥文様

明快な形だけの組合わせ。千鳥もいちじるしく抽象化し、羽を交叉した形とし、井桁とともに置いてシンプルな美しさを作った。子どもたちの普段着の柄などに多用された。

24　井桁の飛白文様

この文様は近年（とはいっても昭和の初め頃、だれでも着物を着ていた時代のことだが）まではほんとによく使われていた。とくに子どもたちはほとんどこの文様を基本にしたものを着ていたものだ。

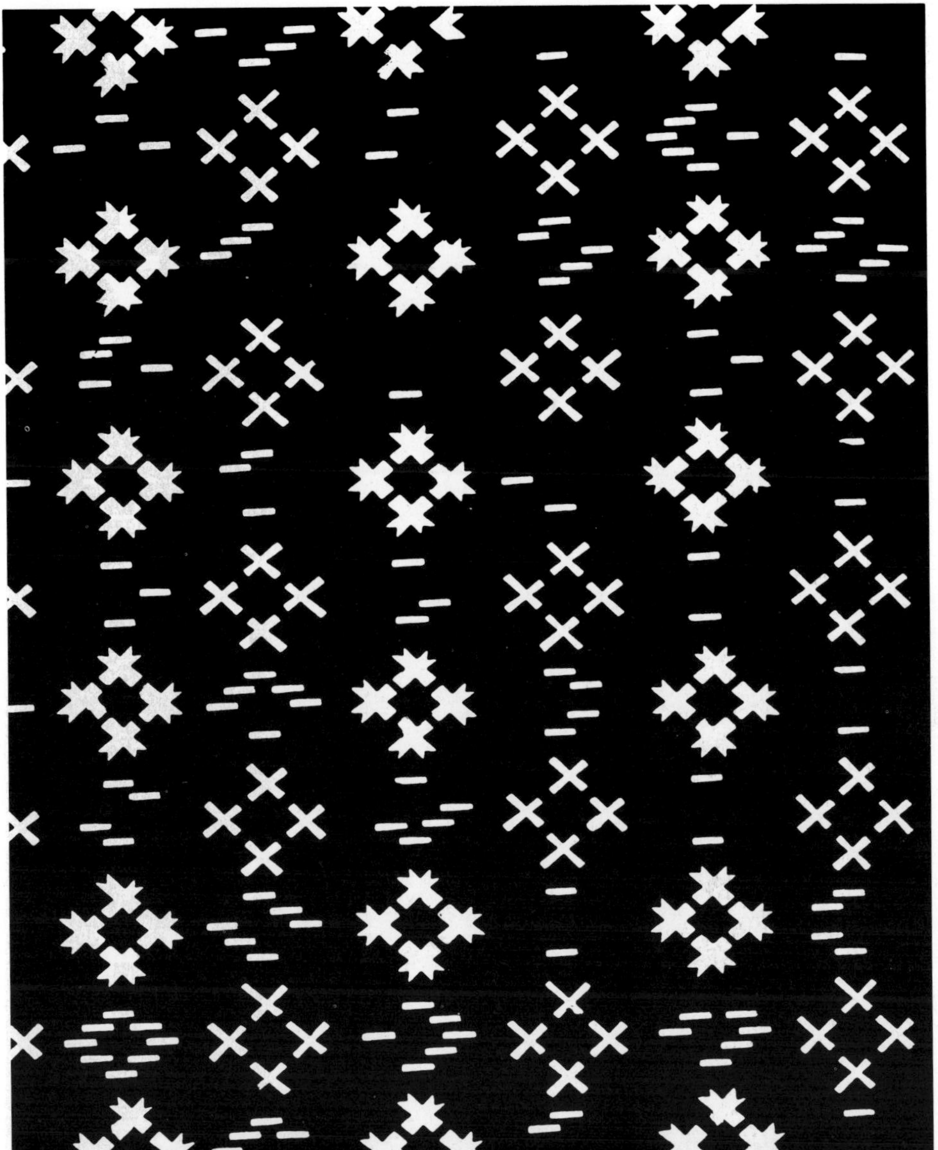

24

25

25　市松花菱文様

市松にとった枠に花菱文様を入れて作られたもの。四つ花菱や、三つ花菱はこの時代以前に出来ていたが、市松の中にうめ込むという発想は誰でも考えつきそうでいて、できなかった。文様とはこうしたものなのだろう。

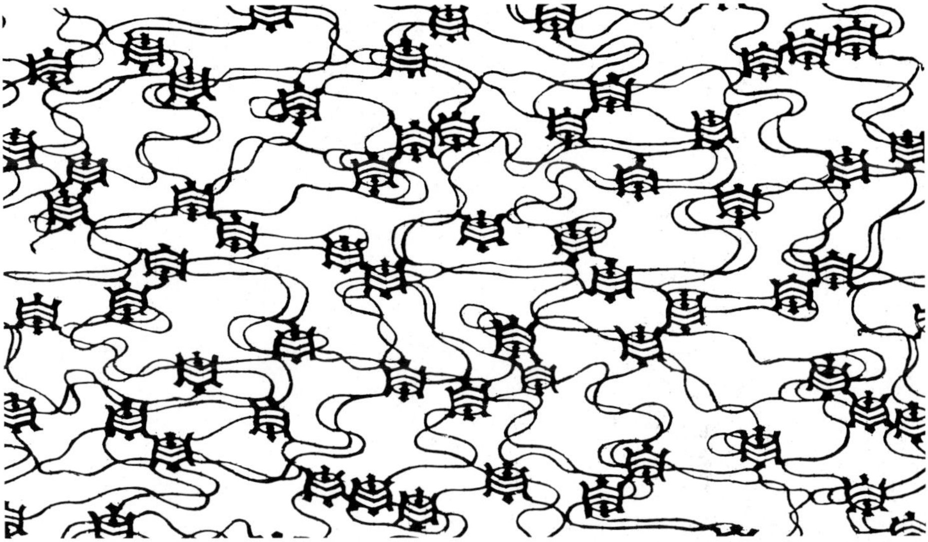

26

27

26　糸まき文様

あたかもこまがまわっているように、糸まきが配列されている。ランダムに置かれているようだが、計算されつくした空間処理が美しい。この形のままつなげて、長い連続文様を作ることができる。

27　団扇（うちわ）文様

団扇は、あまり使われなくなって、なじみが薄くなってしまったが、すぐれたデザインのものが多かった。これは団扇の紙の部分を散らしたもの。骨になる部分に菊の花弁がついている。歌麿の美人画の中にでてくる文様である。

28

29

28　沢瀉（おもだか）文様

水草の沢瀉の葉をつないで出来た文様。水面に浮いている感じがよく出ているし、重なり合った葉をうまく表わしている。手で自由に描いたのではなく、刀で彫る不自由さが、この場合成功している。

29　籠目に梅ちらし文様

六角形の籠目に鱗、青海波（せいがいは）、籠目と三つの異なった文様を入れて、周辺を梅の花と枝で飾ってある。この文様も浮世絵の中の美人がよく着ている。息の長い流行があったことを物語っている。

30

30　傘松文様

傘松の群生を文様にしたユーモラスな作品。江戸時代の千代紙につけられていたもので、松茸が踊っているような形が何ともいえず楽しい。

31　亀づくし文様

これは少しもとらわれない亀のみごとな集合体である。勝手な方向をむいている亀がすべてどこかの箇所でつながっていて、しかも大変に調和がとれている。これだったらどのような素材につけても効果的である。

31

32

33

32　花門に兎文様

花のアーチに出入りする兎の姿をランダムに配置してある。このように平面にするとあまり変哲がないのだが、歌麿の美人が着ているのを見ると、なるほど身につけた美しさは別なのだなと思わせる。

33　烏文様

黒一色だけで、烏の群れを描いている。烏は文字通り真黒で、羽の表情も、足の調子もまったくないフォルムだけである。それでも誰にでもそれとわかるように出来ている、非凡な文様である。

34

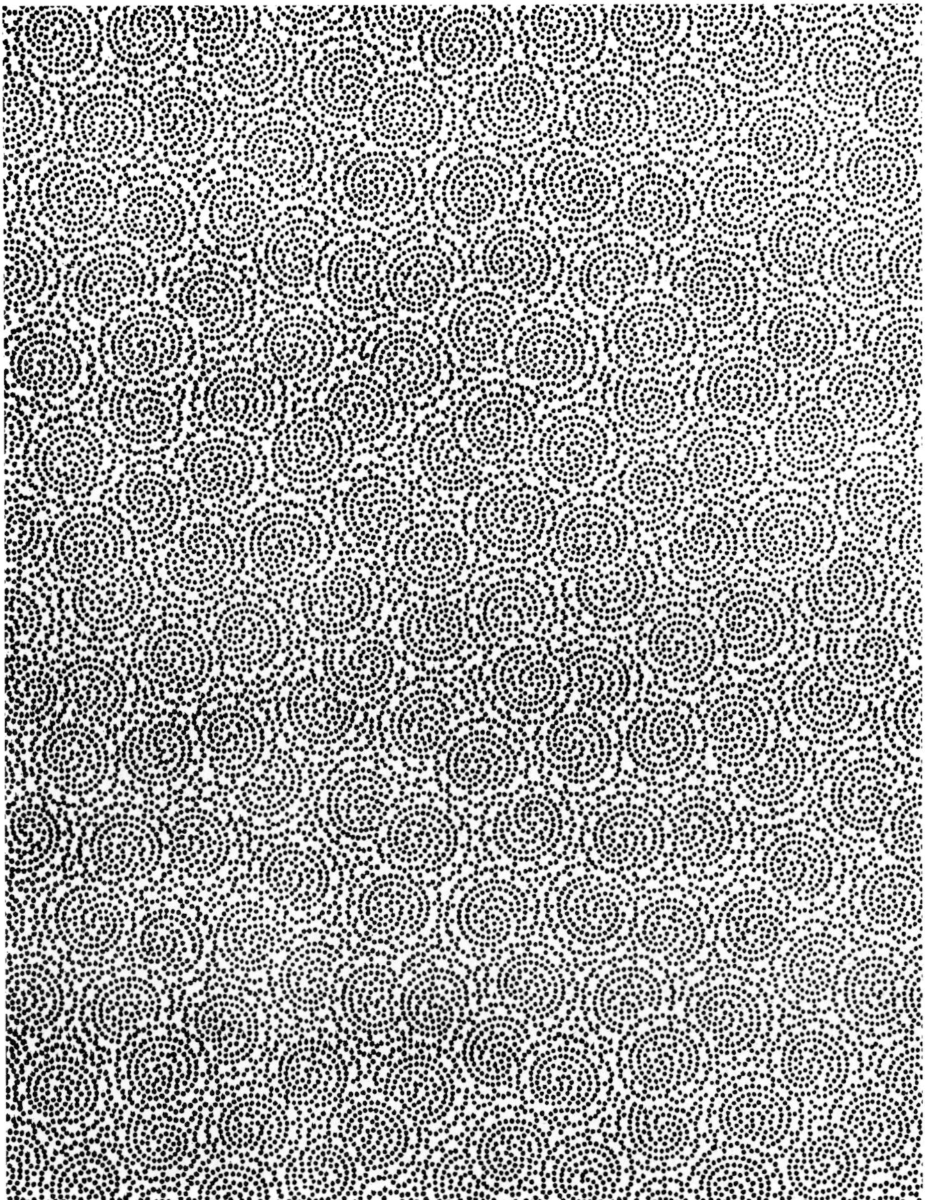

35

34　変わり井桁(いげた)文様

井桁の正方形は整いすぎていると感じた人が変形させたものだろう。あるいは古井戸をけとばして、壊れたふちが面白いと思ったのかもしれない。とにかくここでは壊れた井桁で文様を創りあげた特異な才能に注目していただきたい。

35　変わり渦文様

突き彫りの小紋で渦巻を表わしている。一見無造作に形造っているようだが、渦の占める割合といい、残された空間といい、たとえようもなくすぐれた作品である。ここに表わされた点を線でつないでみても美しい文様になるだろう。

36

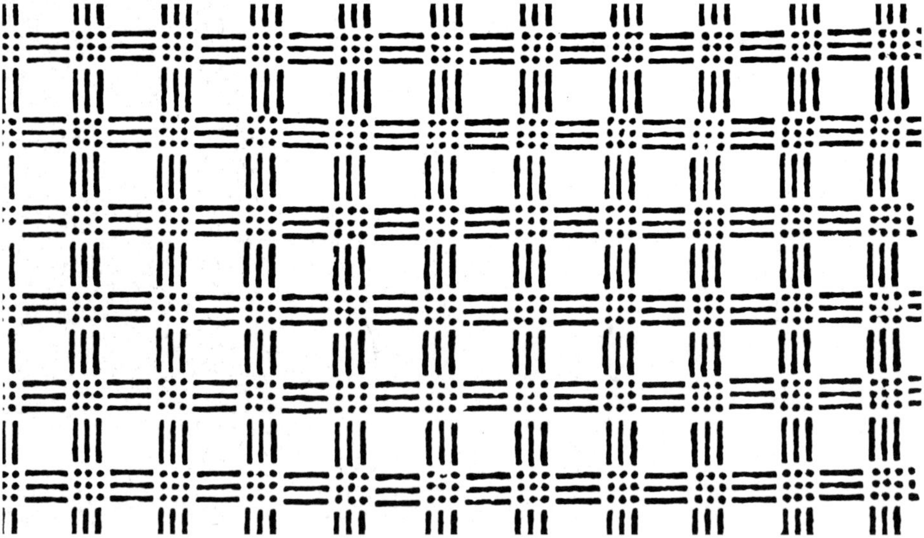

37

36 変わり格子文様

格子とも市松とも蜀江（しょっこう）ともいえない面白い文様。線や面をシンプルにしながら、複雑な構成を試みた。色の変化をつけたら、きわめて多彩なものが出来る、しかも今いちばん新しい意匠として。

37 変わり格子文様

格子の重なり合いの濃くなる部分を点に置き換えて新鮮さを出した。格子の重なりのところが余白の白地で拡張されて見える。点を寒色、線を暖色で置くと、素晴しいコントラストになるだろう。

38

38　変わり紗綾形文様

紗綾形は卍の形をつぶして、菱にしたものだが、ここでは卍の原形をとどめていて（白の部分）、網代のように構成してある。

39

39　変わり蜀江文様

蜀江錦を単純化して丸味をつけてある。ちょうど写真でややピンボケになった状態のようなのが特長だ。視点を変えると、別もののようになるところがおもしろい。レンズがなくとも、こういう見方のできたところが江戸のすごさだ。

40　変わり海松文様

海松は古くから正円の形で多く使われてきたが、ここでは楕円形にして、周囲を細い変わり海松で包み込むように作られている。同じ素材もこれだけ変えて使うと別のもののように新鮮になるという良い見本だ。

40

41

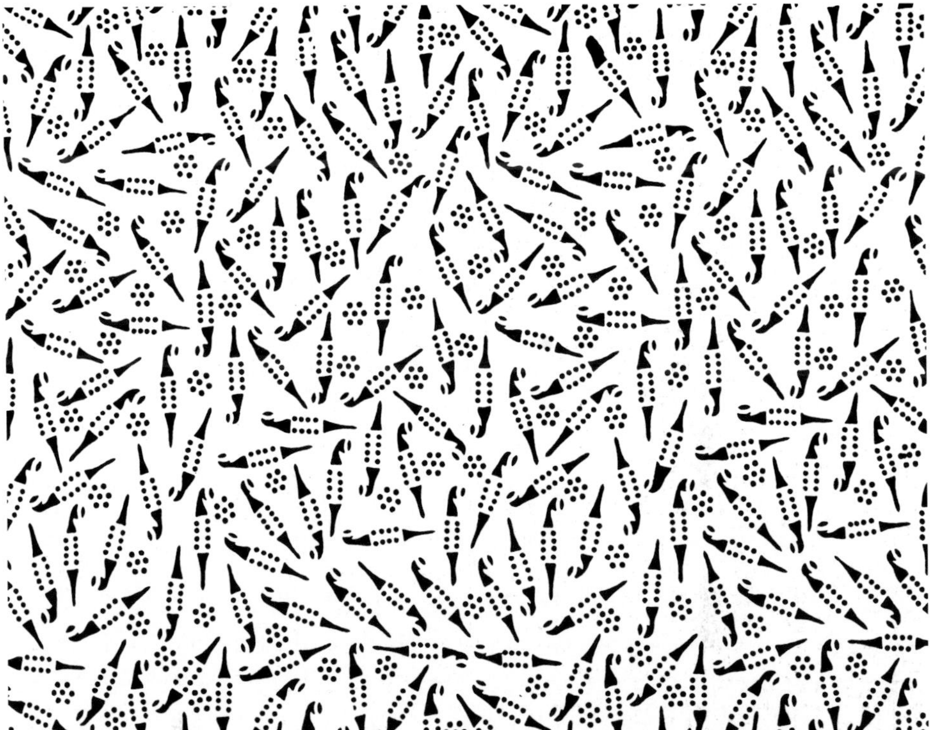

42

41 雁木(がんぎ)文様

雁木の名は、雁が隊列を組んで飛ぶその形からきたもの。橋の上の桟など、建造物につけられているのを見ることができる。その雁木の形をつなげたら、このようないい文様ができた。

42 煙管(きせる)文様

戦前の下町あたりには、どこの家にもごろごろしていたが、今では見かけなくなった。もう少しすると「昔の人が煙草を吸った道具」と注釈がいるようになるだろう。ユーモラスな日常品に囲まれて生活していた時代の楽しい遺産だ。

43

44

43　亀甲花菱文様

正統的な花菱を有職文様とは異なった形で置いてみた。格調は失われたが、可憐な美しさを作ることに成功した。一つの文様を置き換えるだけで、印象の違ったものになる好例である。

44　切紙つなぎ文様

四つ折りの紙を切って拡げた。子どもの頃の七夕の思い出をなつかしむような気持で文様にしているのだろう。複雑な切り方をせず、あえて二種類だけをつないでいるのが成功している。

45

45　雲に稲妻文様

ユーモラスで単純な造形だが、何が表現されているのか一目でわかる楽しい文様だ。歌舞伎の「鞘当(さやあて)」で、不破伴左衛門が着て出る衣裳にこの文様がつけられている。荒事の役のデザインである。

46　鯉の滝のぼり文様

菱形に構成された画面を滝に見立てて水草と鯉をあしらってある。着物に使えば、中板(ちゅういた)というところであろう。絵奉書や小物入れにもよく使われている。

46

47

47　河骨(こうほね)文様

河骨の葉と花を交互に配列した文様。一見単純にしかみえないが、河骨の葉の三角と花の五角、それに空間に出来た菱形とで幾何文様に必要なあらゆる条件をそなえている佳作である。

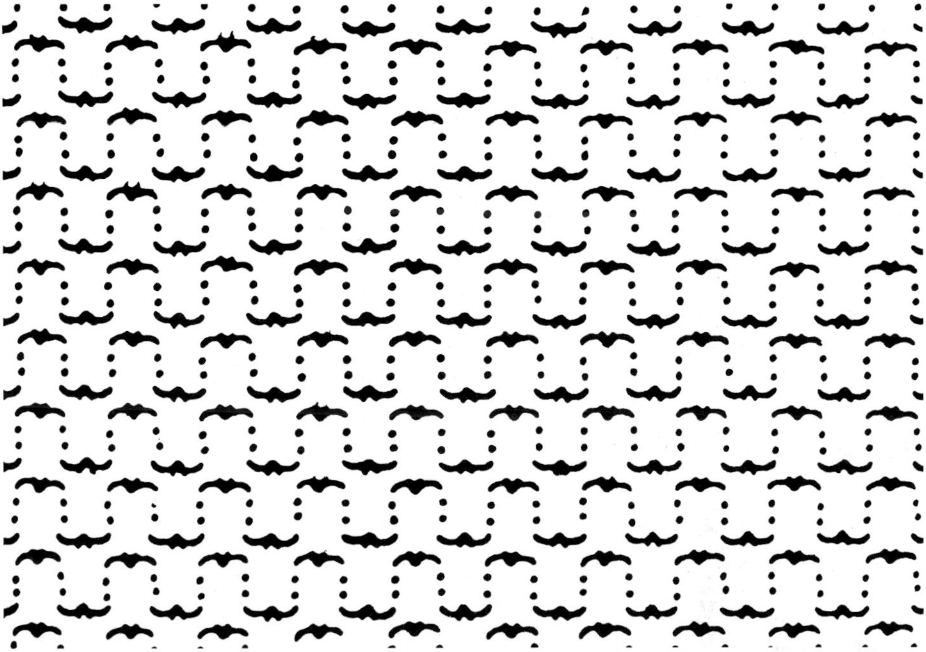

48

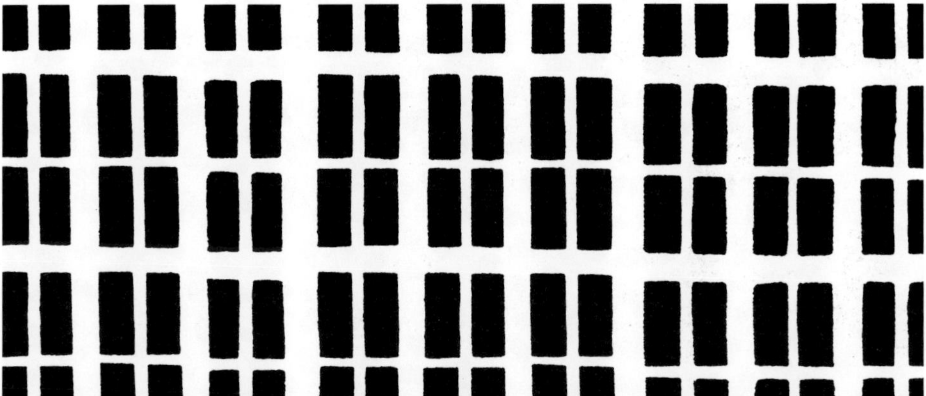

49

48　蝙蝠(こうもり)つなぎ文様

本来武士の着物の文様だった小紋も、この時代からくだけた柄をつくるようになった。交互に飛びかう蝙蝠を点でつないでいる。江戸小紋の繊細な点に比べると大きい。次に発展するいろいろな可能性を感じさせる。

49　高麗屋(こうらいや)格子文様

太い線の格子の中に細い線の格子があって、強弱の変化が楽しい。原点は織物の歴史と同じくらい古いのだろうが、このような文様として定着するまでには、かなりの時が必要だったのだろう。

50

50　小花散らし文様

技術的にどうということはないし、花の並べ方も無作為すぎるが、妙に優しくて楽しい。気張らずにほぼ等間隔に花を置いてみて、少し余った空間をどうしようと考えた。うしろ側にも花があってもいいんだと気がついた。

51　網代（あじろ）文様

籠は六角形に組まれ、材料はほとんどが竹である。網代は縦横の組合わせで、竹も木も使われる。用途もさまざまで、魚を捕えるためとか、建築の装飾とかに見ることができる。これは三本どりで構成されたもの。

51

52

53

52　算盤縞文様（そろばんじま）

江戸の文様の中で最も代表的なもの。町人、とりわけ商人の勢力が強くなり、それまで武士から蔑視されていた者が、計算道具まで前面に押し出して主張したところが、いかにも江戸らしい。

53　手毬と菊文様（てまり）

おだやかに画面をうずめた中に、描くべきものはきっちりと入れてある非凡な文様。ひび割れのような空間も大小変化をつけて動きを表わしてあり、主題の毬と花もひびの中に埋没しそうでいて、なお存在感がある。

54

54　芝翫縞文様

（しかんじま）

芝居の芝翫の名をとった太い縞。江戸時代の風俗画にひんぱんに出てくる。舞台で見たものに憧れて、自分のものにしてみたいとする気持は、今でも変わりない心情だろう。もちろん文様が洗練されているからなのだが。

55　籠目文様

そぎ竹で作る籠の最も基本的な形がこれで、目籠といっている。何本目かごとに幅の広い竹を入れて補強することがあって、この文様はその形を写している。実用品がこんなに美しいと気付いた人の確かな目がここにある。

55

56

57

56　壺々（ここ）文様

一面に壺でうずめつくされている。これ以上単純化することができないほど省略され、ほとんどただの円にしかみえないが、壺の口はちゃんと開いている。重なり合っていても乱れがない。何という遊び心だろうか。

57　雷文様

角形のうず巻きは雷を象徴している。芝居の荒事などで、大きいこの柄のついた衣裳を着け、正月の注連（しめ）縄のような帯を胴に巻き、見得を切ったりすると不思議に強そうにみえる。

58

59

58　まんじくずし文様

浮世絵で荒事をしている男たちの衣裳によくでてくる。女でも明らかに伝法なのが啖呵をきっているような時には、選んでこの文様を着ている。平面だと変哲がないようだが、立体になるといきいきしてくる不思議な文様である。

59　紗綾形(さやがた)地に千鳥文様

大きくとった紗綾形の地紋に千鳥が飛んでいる。千鳥には蜘蛛の巣の文様がついている。この文様を見た婦人は「梅の花が描いてある」と言ったが、なるほど梅に見えなくもない。千鳥が梅になっても桜でも、この文様は生きるだろう。

60

60　桜に檜扇(ひおうぎ)文様

貴族社会でしか持てなかった檜扇の持つ優美な形を、他のものにうつしかえて身につけようとした、江戸文化の上流社会への憧れの表われなのだろうか。桜の花がさらに華やかさを増している。

61　桜と霞文様

歌舞伎の衣裳に使われている文様で、枝垂れ桜に霞のかかっている状態を表わしている。「娘道成寺」で花子が着て出るが、「桜のほかは松ばかり」という長唄そのものに桜がみごと。のちに色や形を変化させたものがたくさん出来た。

61

62

63

62 賽(さい)の目文様

賽ころの目の三と九で続き文様を作った。九の目など実際にはないが、思い入れで九がほしかったのだろうか。九ならばすべてに勝つという願いを込めた賭事好きの職人のわざか。

63 七宝(しっぽう)文様

原形と文様が離れてしまって、今では何を表わしたのかわからなくなっている。七宝の枠組の金属の形がこういう風になっているのが多かったところから、この名がつけられたようだ。

64

64　蜀江(しょつこう)に雨竜文様

蜀江は中国で織られた名物裂(めいぶつぎれ)だが、日本人の手にかかるとこんな風に料理されてしまうところがいい。よく見ると雲の中に、目玉の光った太身の竜がいる。このように蜀江の八角と四角の中にはいろいろなものがつめ込まれる。

65　蜀江に蝶文様

蜀江錦のパターンの上に、桜と蝶を載せてある。蜀江の線は花びらで表現し、蝶の羽の中に蜘蛛の巣を描いてある。捕えられたのではなく、蝶が捕えてしまっているという逆の発想がこの時代を映し出しているような気がする。

65

66

67

66　三本筋に花文様

すだれを思わせるような三本取りの縦線に、流水と花をあしらってある涼しげな文様。私たちの祖先は少ない線を使って季節感や色彩を想像させる巧みな感覚を持ち合わせていた。これなどはその典型的なものであろう。

67　縞に松葉鶴の鳥襷（とりだすき）文様

いろいろなものを盛り込んであるので、長い名前になってしまった文様。しかし見たところはすっきりしていて良い文様だ。菱形で曲線を描くのが鳥襷。松葉はよくわかるが、鶴の見たてはちょっと苦しい。

68

68　蛇の目に霞桜文様

うららかな春の陽に霞がたなびき桜は満開。その下で出来上がった蛇の目を干している。春の風物詩を文様にした。創作版画でもよくこのようなモチーフを扱うが、この文様は空間処理がはるかに大胆であり、かつすぐれている。

69

70

69　書院に梅と菊文様

円窓の書院がよくある。ここでは、その円窓に沿って菊や萩の花を置き、床の間の柱に見たてて梅の木を描いてある。二本どりと一本の重ね障子の桟が良き時代を映し出している。

70　正月飾り文様

注連縄(しめなわ)にゆずり葉とうらじろの葉をあしらって、新年の華やいだ文様になっている。このままの文様を帯にしてみたら調子の高いものが出来上がる。

71

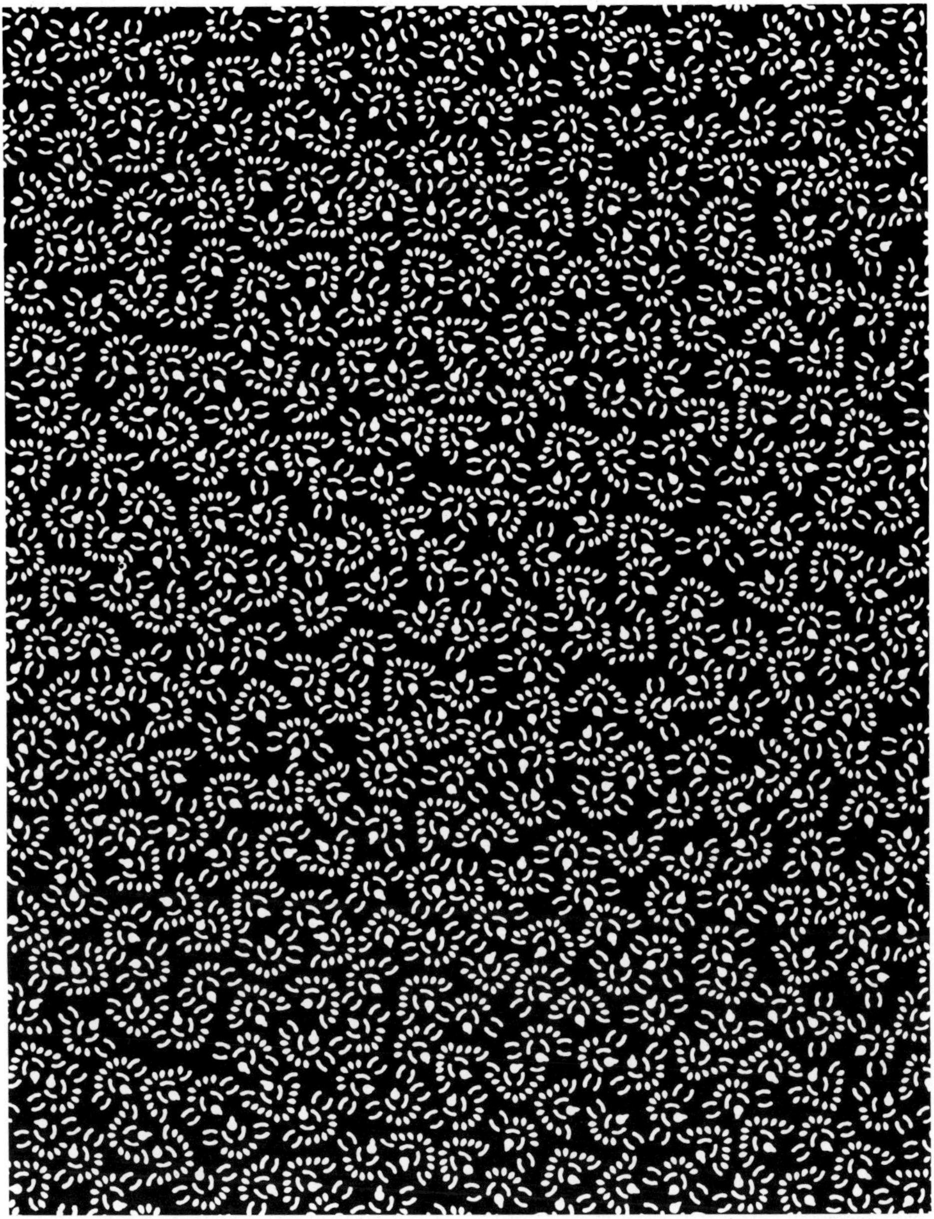

72

71　松竹梅文様

小紋の突き彫りで、格子の中に単純な松竹梅を表わしている。一見何があるのか不明だが、よく見ると竹の一節、松葉、梅一輪が最少限の点で作られている。しかも全体では変わり格子がはっきりわかるようになっていて楽しい。

72　雀文様

江戸小紋の雀。飛んでいる雀がランダムに置かれている。一羽ずつの雀は楽しいのだが、雀のブロックとアキの部分が整理しきれていない。空間の処理が計算しつくされていないのである。こういう作品には、手を入れる楽しみがある。

73

73　算盤縞文様（そろばんじま）

豆しぼりとともに、あらゆるものにつけられていた江戸の代表的文様。爆発的な人気だったので比較的安い素材に多くつけられていたようだ。日用品や普段着などによくみられる。最近ブームの祭りの衣裳や小物にも欠かせない。

74

75

74　竹垣に菊文様

衣類にはもちろん、塗り物、焼き物にも多く見られるなじみの深い文様。誰でも一度は目にしたことのあるなつかしいものであるし、将来にも衰えることなく伝わっていく文様であろう。

75　立涌（たてわく）地に秋草と蝶文様

有職文様の立涌に、秋草と蝶を重ね合わせてしまった。しかし煩雑にならず、互いに引き立てあって調子の高い文様になっている。

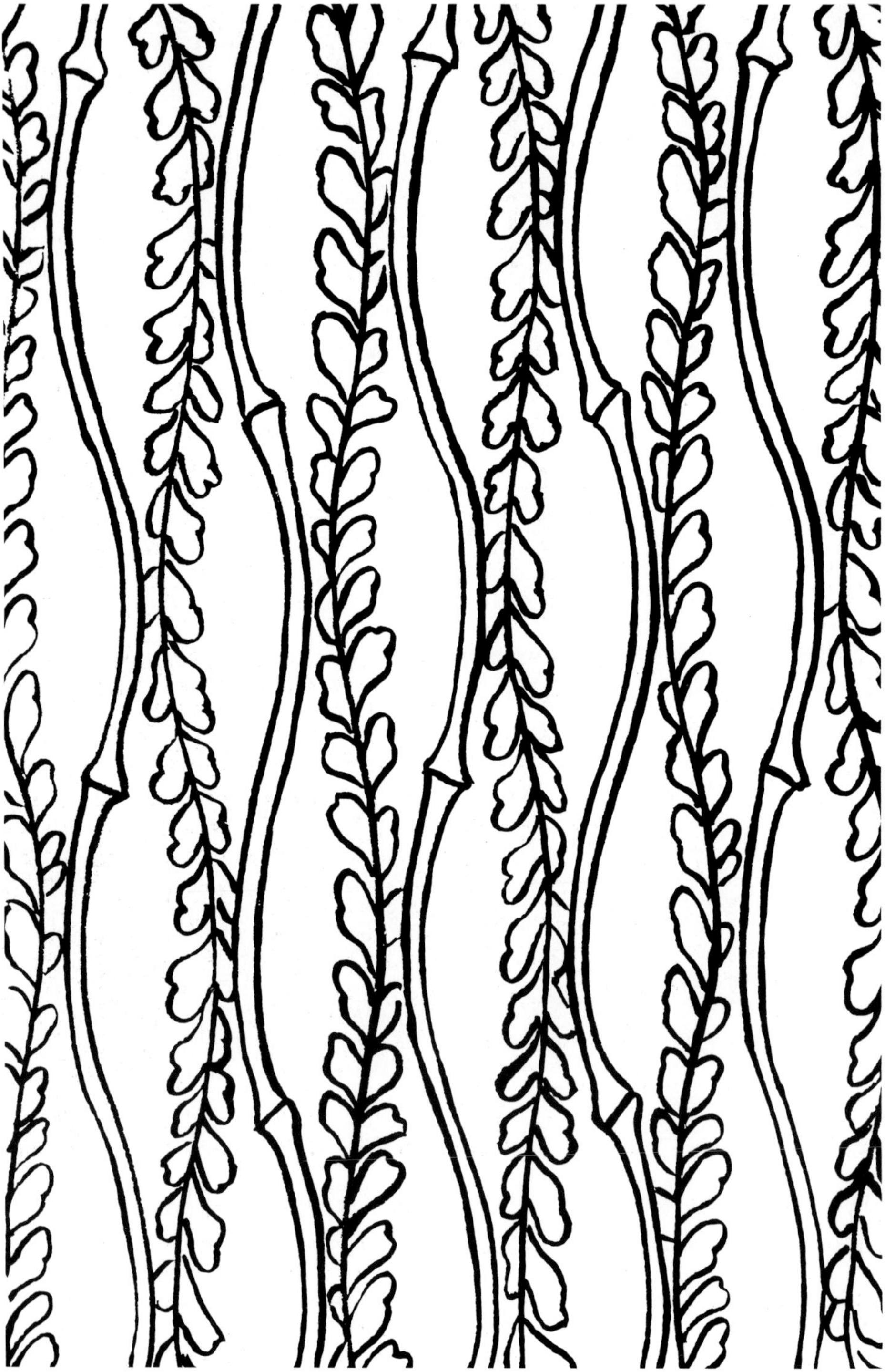

76

77

76　竹に藤文様

立涌の形で竹と藤が交互にあるなかなか粋な文様。この形は立涌ともいうが、よろけ縞（養老縞＝図版102）ともいって、ゆるいカーブを持った縞と表現することもある。この場合はむしろよろけ縞の一種とみる方が正しいかもしれない。

77　立涌（たてわく）に桜文様

有職文様の立涌は、菊の花が入っているのが普通だが、少し時代が下って桜の花が入った。これは菊の格調高さとは少し異なってしまうが、華やかで楽しい。歌舞伎の衣裳に使われたり、打掛になったり、工芸品にも使われている。

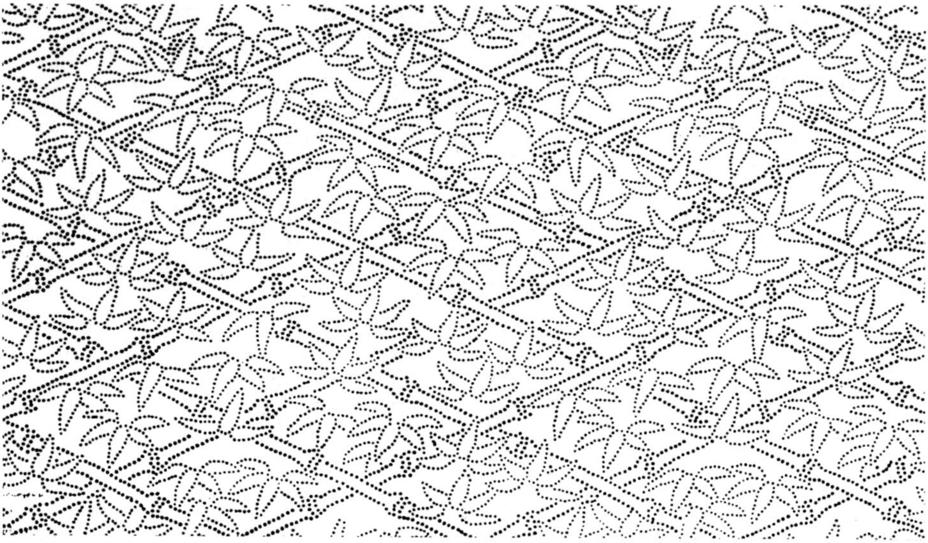

78

79

78　竹格子文様

菱形に組まれた竹垣の見立てに、竹の葉をあしらってある。この文様は最少の単位である一ブロックをとり上げても文様として生きる。また、どこまででも連続するという利点がある。だれもがどこかで見ているなつかしい文様である。

79　蝶の縞文様

直線と曲線をやや抽象化した蝶の連続でたくみに表現している。衣裳にしたら、体の線にそってゆれ動いて躍動的に見える。黄色地にグレーで文様をつけると、空間の部分が動いて見えることがある。

80

80　月忍文様（つきしのぶ）

江戸時代になって、画面を大胆に月で区切るデザインが流行する。これもその一つ。月を画面の隅に置き、忍草をあしらっている。以前は吊り忍に風鈴というのが軒によくさがっていた。月夜にこの写生はすぐ出来たのである。

81

82

81　蔦に片輪車と扇文様

蒔絵や小袖を念頭において作られた流麗な文様。この作品はこれだけで独立していて、連続させることはできない。そのかわりこの画面を全体として考えて、どのような素材にでも移しかえることができる。

82　蔦文様

蔦のつると葉、それに花のからみ合っている状態を文様にしたもの。もとは黒漆に金の蒔絵である。流れがダイナミックなので、他のものにも応用範囲が広い文様である。

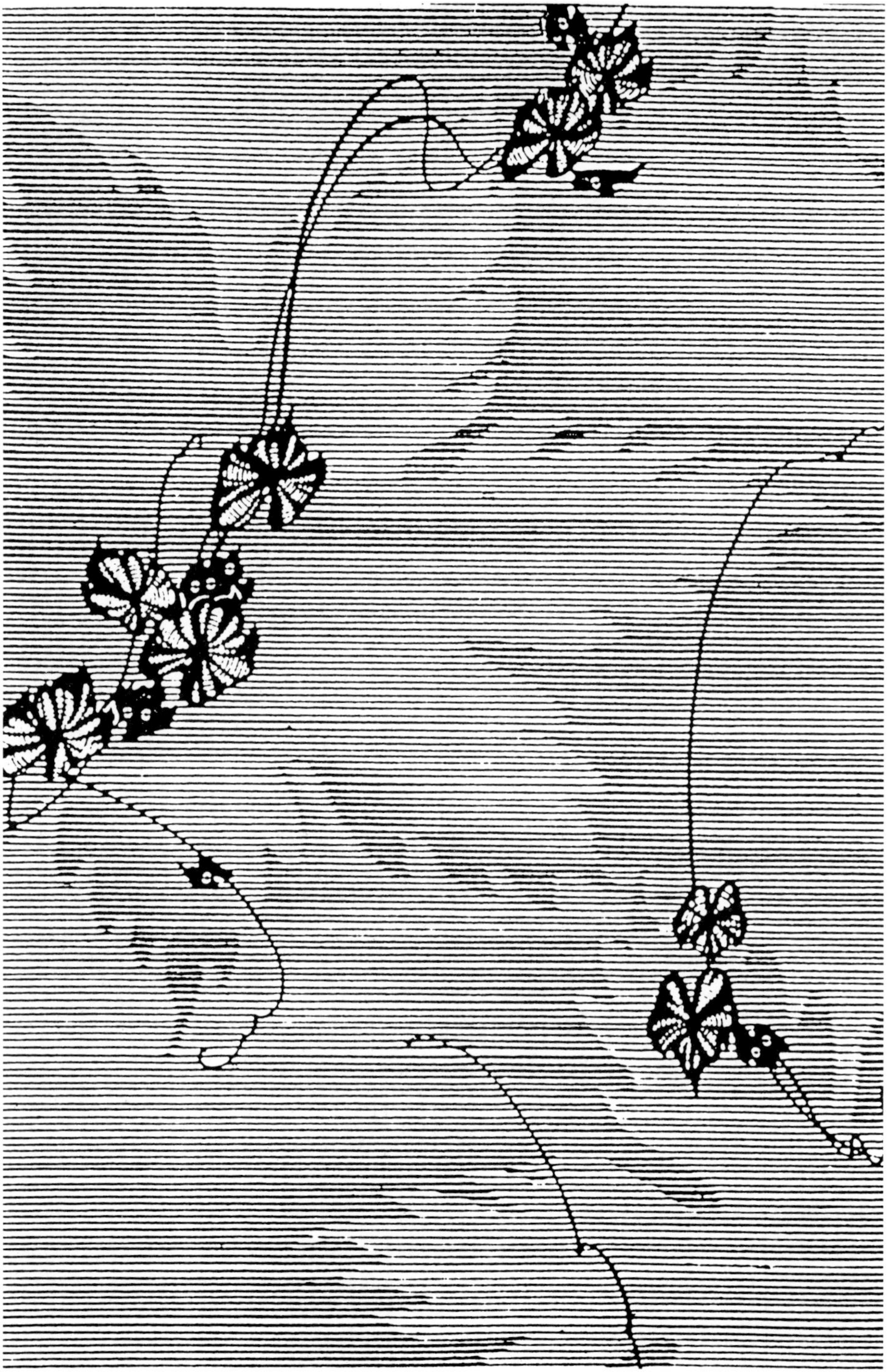
83

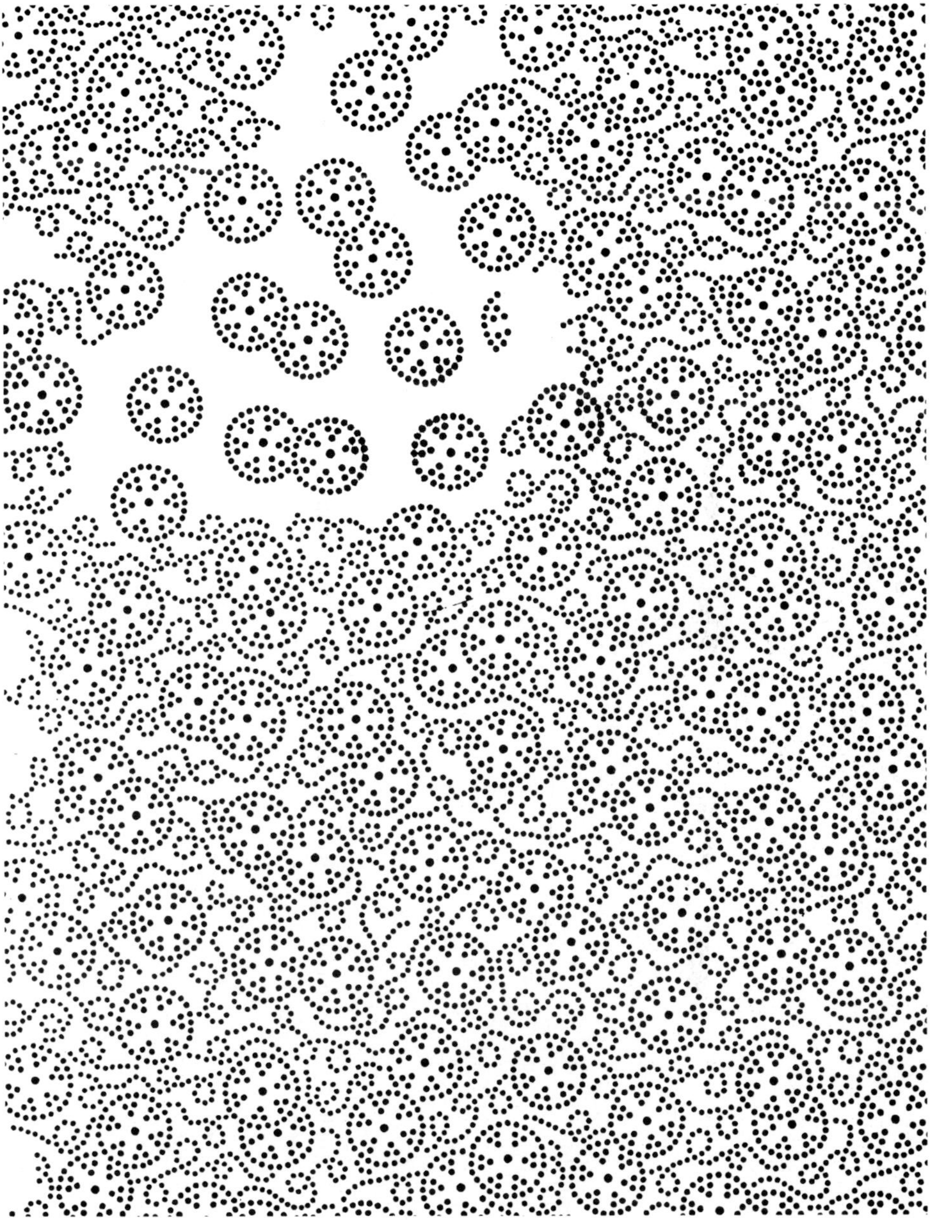

84

83　蔦文様

大きい蔦の葉を横線の強弱でシルエット風に表わし、その上に写実的な蔦を描いてある。センスといい技術といい、きわめてすぐれたものに仕上げられている。スキャナーのようなもののない時代に刃物一本で作り上げた文様の傑作。

84　鼓（つづみ）文様

真横から見た鼓と動きのある紐で構成した空間。せめぎ合いながら、一部で破調を作っている造形の巧みさを見ることができる。鼓でうずめられたところだけでも、破れたところだけでも、新しい空間を拡げることができる。

85

86

85　鶴と松竹梅文様

わが国で特に縁起が良いとされている植物の松竹梅で鶴を形作り、流れ(あるいは雲)は松の葉で造形している。擬動物化の植物はすこしも形をそこなうことなく、こういう線でなければ鶴にならないと思われるほどうまく決まっている。

86　灯籠(とうろう)と蝙蝠(こうもり)文様

東京の下町でも、戦前はたくさんの蝙蝠が飛び交った。薄暗くなる頃、超低空で虫をあさっていたのを記憶している。江戸時代は、さぞ多くいたことだろう。灯ともし頃の情景によくあっている。

87

88

87 飛び矢文様

画面をうずめ尽くした矢羽根(矢飛白)文様は奥女中の着物で有名だが、ひとひねりして飛びかう矢の流動感をねらって成功している。矢がひしめいているが、流れが整理されているので、どのような素材にあてはめても生きてくる。

88 鳥の羽根文様

江戸のデザイナーの腕のみせどころといった作品。鳳凰(ほうおう)など鳥全体のデザインを数多くこなすうちに、尾羽根だけの造形を思いたったのではないだろうか。これだけの材料を料理する冴えた力の人がいたのだと驚かされる。

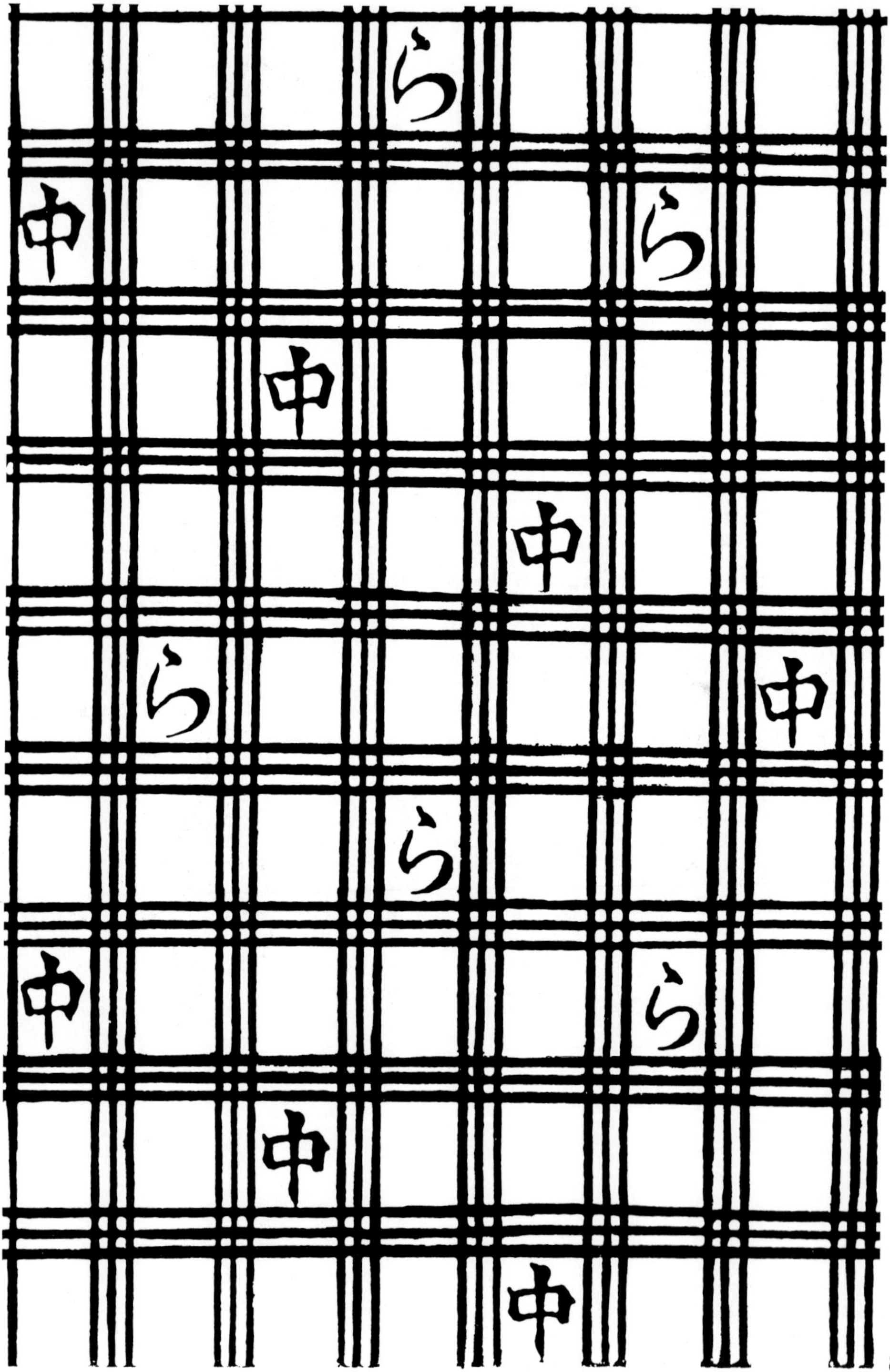

89

90

89　中村格子文様

歌舞伎の中村家の文様。縦横三本ずつの縞で格子を作り、「中」と「ら」を文字で表わしてある判じ物の類。「よきこときくや」、「かまわぬ」などと同様で遊び心の多い粋な文様。祭りの浴衣もだいたいこのパターンを踏襲している。

90　流れに紅葉(もみじ)文様

きわめてシンプルだが、文様のエッセンスみたいなところがある。これから自由に展開して、花や葉を増やしてたたき直すことも可能だと思う。

91

91　波文様

波頭のしぶきが所かまわずの様子で置かれている。しかし少し離れたところでみると、きわめて整って美しい。無造作に見えるように計算しておくことの難しさを教えてくれるような仕事である。

92

93

92　波に兎文様

非常によく扱われるモチーフ。これは浴衣に使われたものであろう。波と兎の組合わせは唐突だが、私たちの目には見慣れていて調和が感じられる。凧絵にもよく描かれている文様であるし、皿絵にも多く扱われている。

93　波に竜文様

渦巻いた波は巴ほど抽象化しないで描かれ、波頭はさらに具体的に表現されている。その中を竜が泳いでいる。渦の部分は、雲の型に見たてて描いたものかもしれない。自由な想像力で、奔放に描いた力強い文様である。

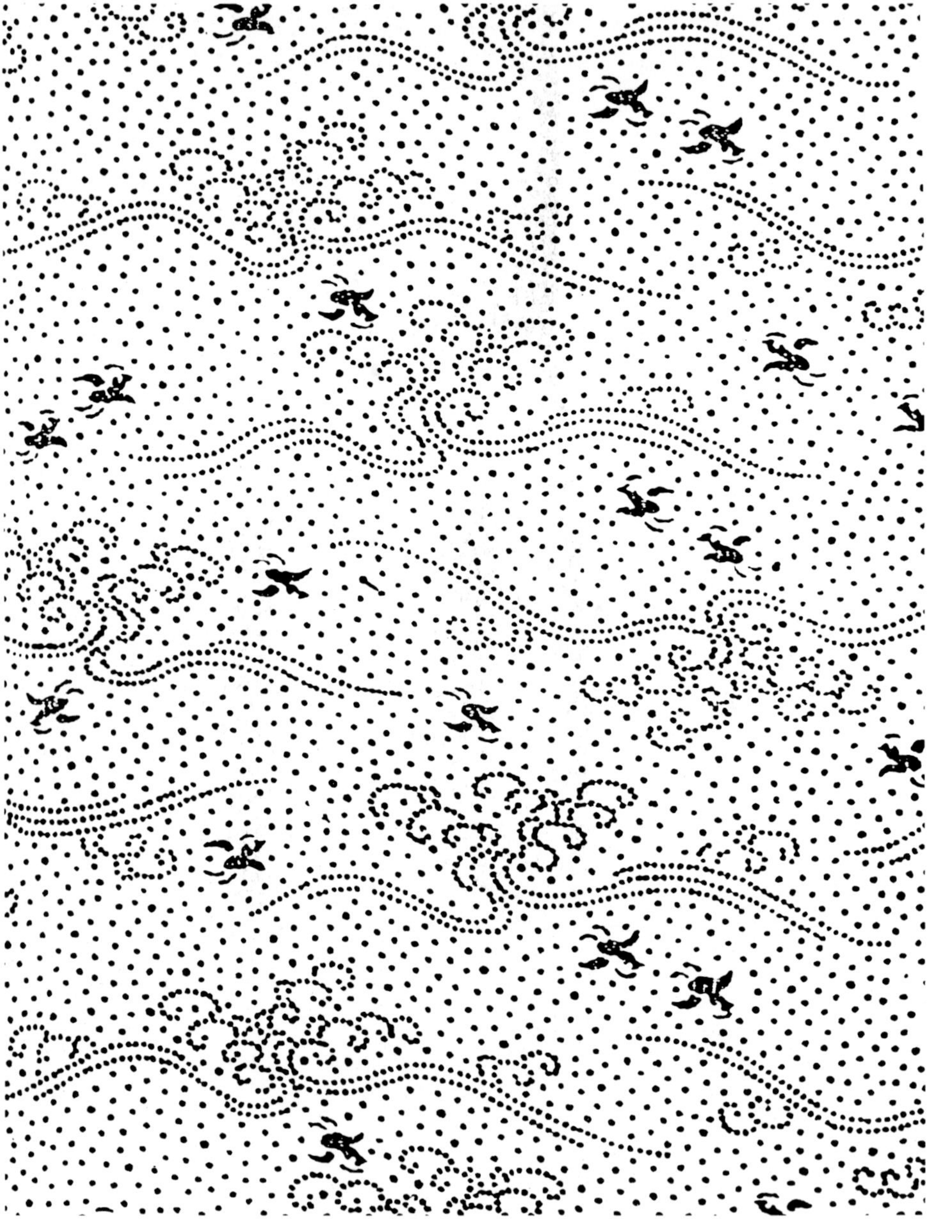

94

94　波に千鳥文様

点で作られた波の造形はみごとなものである。そこに少したどたどしい水鳥が飛んでいる。波の部分は何かからの引き写しであろう。鳥はこの作者が創作したために調子が少しくずれた。しかしそれがかえって楽しくなってもいる。

95

96

95　井桁に紋付の蝙蝠文様

ベーシックな形の蝙蝠文様の中に青海波や七宝などいろいろな文様を入れて、井桁の上を飛ばしている。これだけ複雑な構成をしながら、きわめて整っている。江戸時代のすぐれたセンスが光っている文様。

96　波に千鳥文様

このモチーフで数え切れないほど多様な文様が制作されている。これは波の流れと千鳥の飛び交う状態をほぼ同じ比率にして連続できるように配列している。糊置きの型を原型にしたが、あらゆる素材に適用できる美しい文様である。

97

98

97　唐草文様

臈纈(ろうけち)で描かれて出来たクラック(割れ目)をたくみに吊りに置き換えて型紙にしてしまった。葉の表現もユニークだが、花も裏側からだけ描いてあるなど、特異な文様である。

98　菊丸つる唐草文様

鉄線花のようなつる草の間に丸形の菊を置いてある。平安時代に輸入された唐紙の中にこの文様の基本のパターンをみることができる。この時代になって平易な型に置き換えて、一般に広めていったものだろう。

99

100

99　鯉の十字架文様

染付の皿絵。弾圧された隠れキリシタンが鯉の形によせて十字の文様を皿に写した珍しいもの。染付の技術も確かだし、造形的にもよく出来ている。取締り役人は具象化された鯉にだけ目がいって、十字架には見えなかったのだろうか。

100　鍵と引手文様

日本人はなんでも文様にしてしまうが、これなどその最たるものだろう。簞笥の引手と鍵を絵皿につけてしまっている。周囲に雷文と引出し、中は鍵と錠、それになぜか花と花籠。支離滅裂だが、妙に納得させられてしまう。

101

101　鳳凰文様

画面一杯に一羽の鳳凰が描かれている絵画的な文様で、この場合は上部中心に剣片喰（けんかたばみ）の家紋が入っているので暖簾に使われていたものであろう。その他漁師の万祝や、夜具にもつけられる。

102

103

102　養老縞文様

（ようろうじま）

近代までの下町の人たちは、よろけ縞と呼んでいた。直線でなく、よろよろしているところを端的に言い表わしていて、この方が江戸趣味に合っているのではないだろうか。

103　万祝 文様

（まいわい）

漁師の親方というか網元の親方が羽織るためのものに付く、豪気な感じの文様である。大漁旗と相通じるものが多い。関東の山間部の人たちはこのような文様の木綿布を夜具にして着ていた。

104

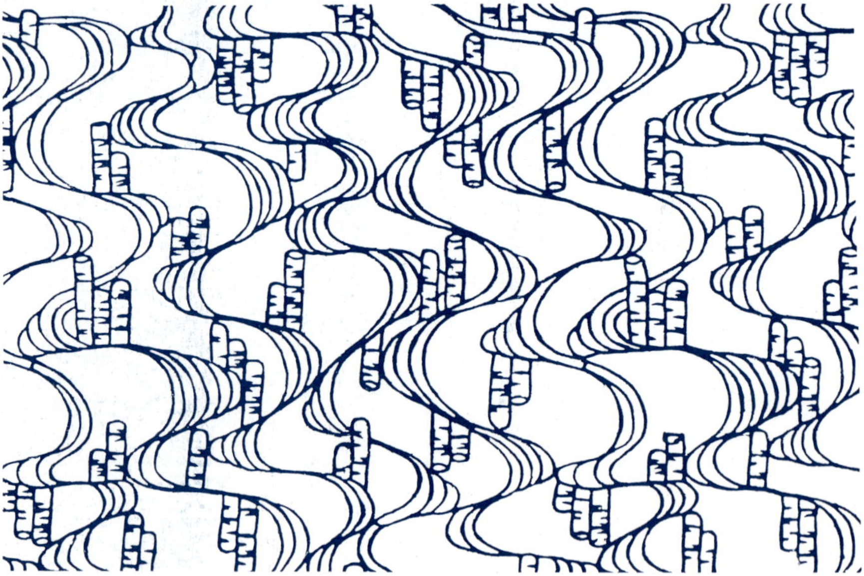

105

104　松笠と松皮菱文様

互いにかかわり合いのある文様同士の組合わせ。木の肌と果実が一緒になっている例は、ありそうでいて少ない。それだけに理に落ちたきらいがないでもないが、わかりやすさで人気はあるだろう。

105　流水に杭文様

蛇行した流れを強調した個性的な水と杭が描かれている。これなどをみていると、とても何百年も前に創り出されたものとは信じられないくらい斬新な感覚だ。今の最も新しい素材につけても素晴らしい文様になるであろう。

106 

106 波に鳥文様

平安期に発生した波文様は整った形態をしていたが、江戸時代になって動きが大きくなり形も自由に変化するようになった。鳥もあまりとらわれた形にならないで、おおらかに飛んでいる。

107

108

107　縄つなぎ文様

荒縄を輪にして、二つつなげてある。これは流行したのであろう。浮世絵の美人がこの柄を着物にして着ているのだから。こういう洒脱なものは、今でも流行するのではないだろうか。

108　熨斗（のし）文様

慶長熨斗として、大柄な着物を飾る形をここでは小さくまとめて、文様にしてある。面で表わしたものと、線で描いたものとで強弱の変化をつけ、単調さを避けてある。

109

109　熨斗（のし）文様

太い点と細い点を巧みにとりまぜて構成された文様。少し離れて見ると、輪郭の太い線が強調されて、地色の黒の中に浮きあがってくる。熨斗の中の文様は、白地を表わすのに役立っている。

110　萩に桔梗（ききょう）文様

桔梗の花と萩の葉、語るに落ちるような文様だが、色違いにして浴衣にでも染めあげると、大きい文様の部分が見え隠れになって、抽象的な線になる。このあたりは心得たものだった。

110

111

111　麦秋文様

麦の穂を着物の形通りに描いてある。小袖の下絵で、直立しているのは裾、風になびいて曲線を描いているのが袖。肩から衿にかけてはあぜ道をはさんで下葉だけ描いてある。巧みな処理の文様。

112　撥に駒文様

三味線の撥と駒をならべた。両方とも三味線の小道具だが、洒落ている。近代の文様で、洗濯ばさみをワイシャツにプリントをしてかなり当たった例があったが、原点はこのあたりに見出せそうな気がする。

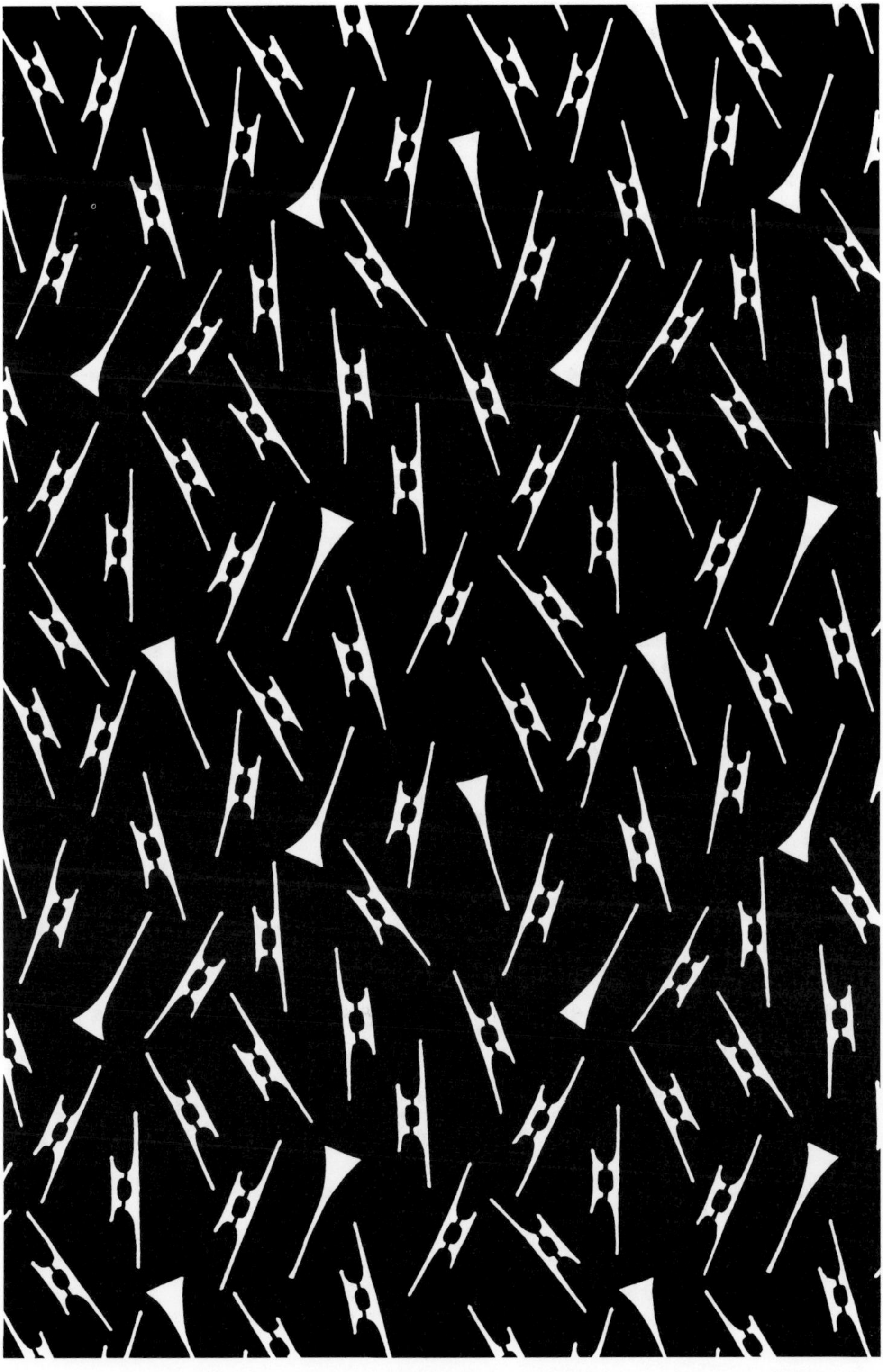
112

113

113　花籠目文様

花びらで籠目の重なり合いを作った美しい文様である。空間が広いので少し物足りない感じもあるが、使い方によっては綺麗な作品に仕上がるし、どのような色をつけても失敗のない文様である。

114　花散らし文様

花散らしとはいい名称だが、よく見ると花が散ってしまって蕚だけで出来ている。何という細かい観察眼なのだろう。

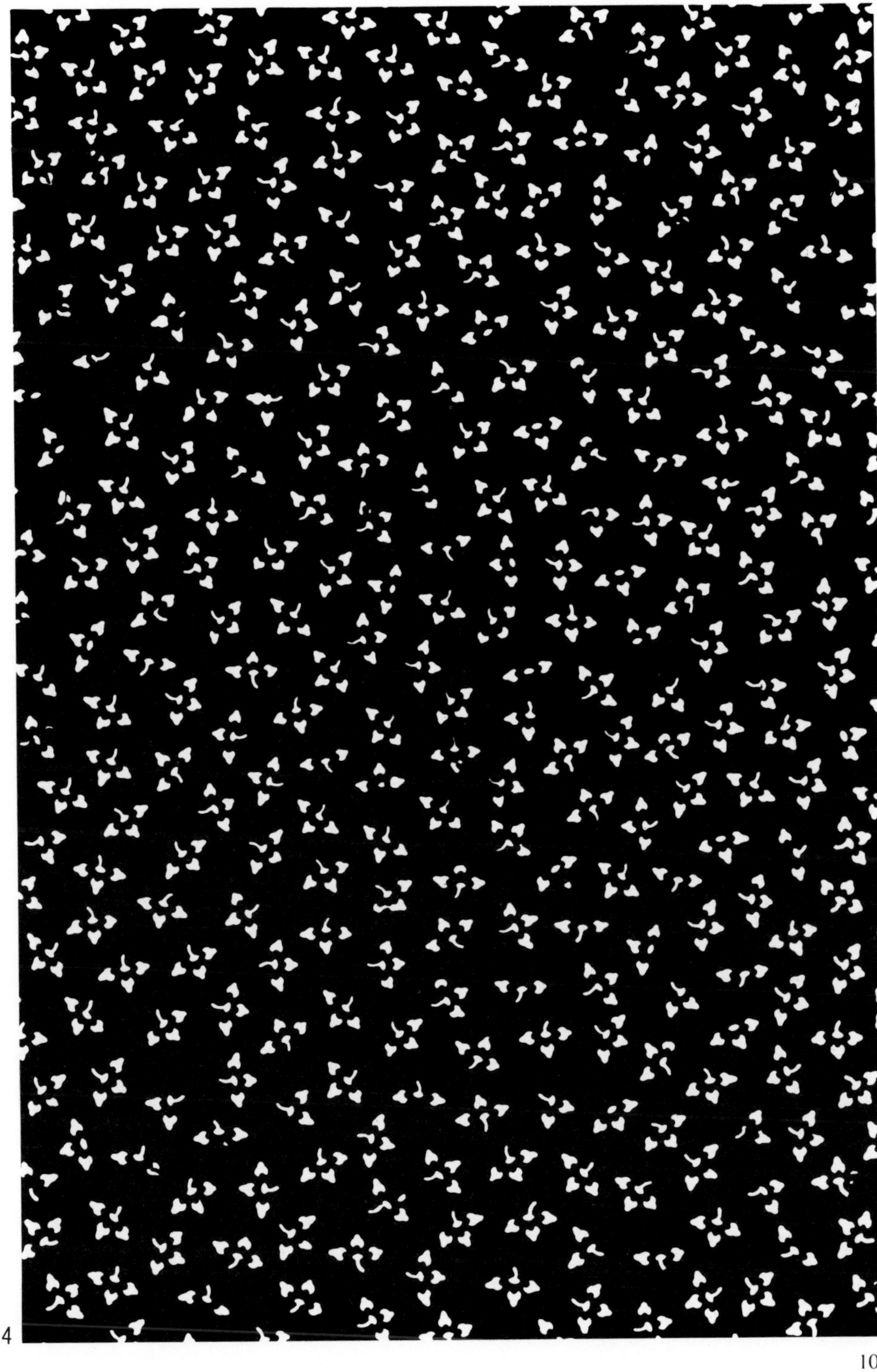

114

115

115　播磨屋格子文様

（はりまや）

芝居の名門播磨屋の屋号がついている文様。二本の張りと満の字に八本の線で「はりまや」になっている。一連の判じ絵だが、ここではただの格子ではなく縞の調子と市松になるように文字を入れて独特の雰囲気をだしている。

116

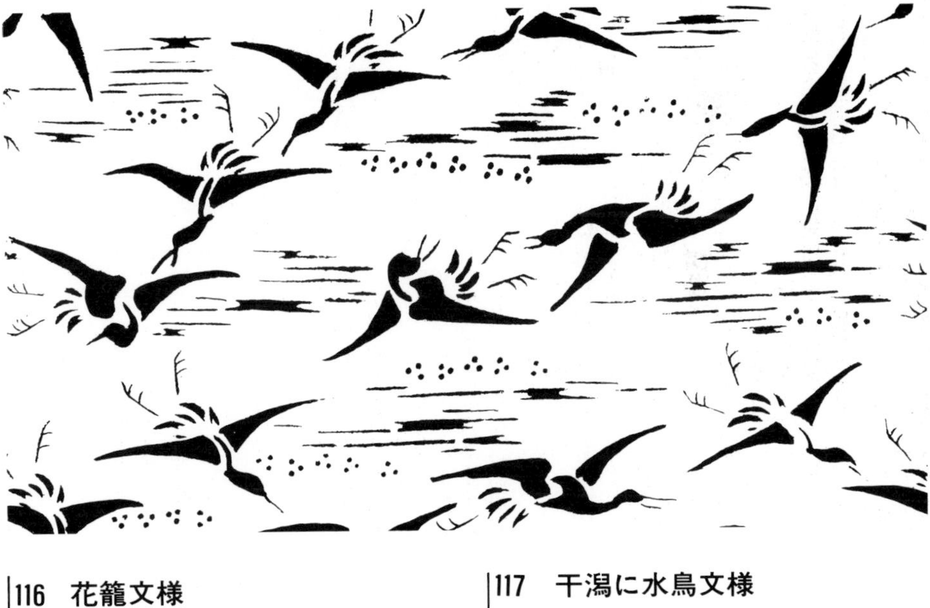

117

116　花籠文様

文字通り花と花籠。流麗で美しい。春から初夏にかけての花が籠の中に目一杯つめ込まれている。絵画的ではあるが文様としての形式美も充分にそなえた作品である。

117　干潟に水鳥文様

引き潮の砂地に水鳥が飛んでいる、あるいは降りようとしている図が、みごとに描きあげられている。鳥は紙型であるために吊りの線がでていて、これがまた文様の造作に役立っている。三箇ずつの点も砂地を想像させてくれる。

118

118　藤蒔絵文様

江戸時代のガラス器につけられていた藤の文様。アール・ヌーボーを思わせるすぐれた造形だ。藤の葉の変形しているところは器の曲面をそのまま写したために出来たもので、かえって奥行きが感じられる。

119　菱文様

正方形の紙を三角に二度折りして切ると、こういう形は簡単に出来る。遊びはそこまでで、ここではそれを連続して文様に仕立て上げてしまう冴えた感覚が光っている。

119

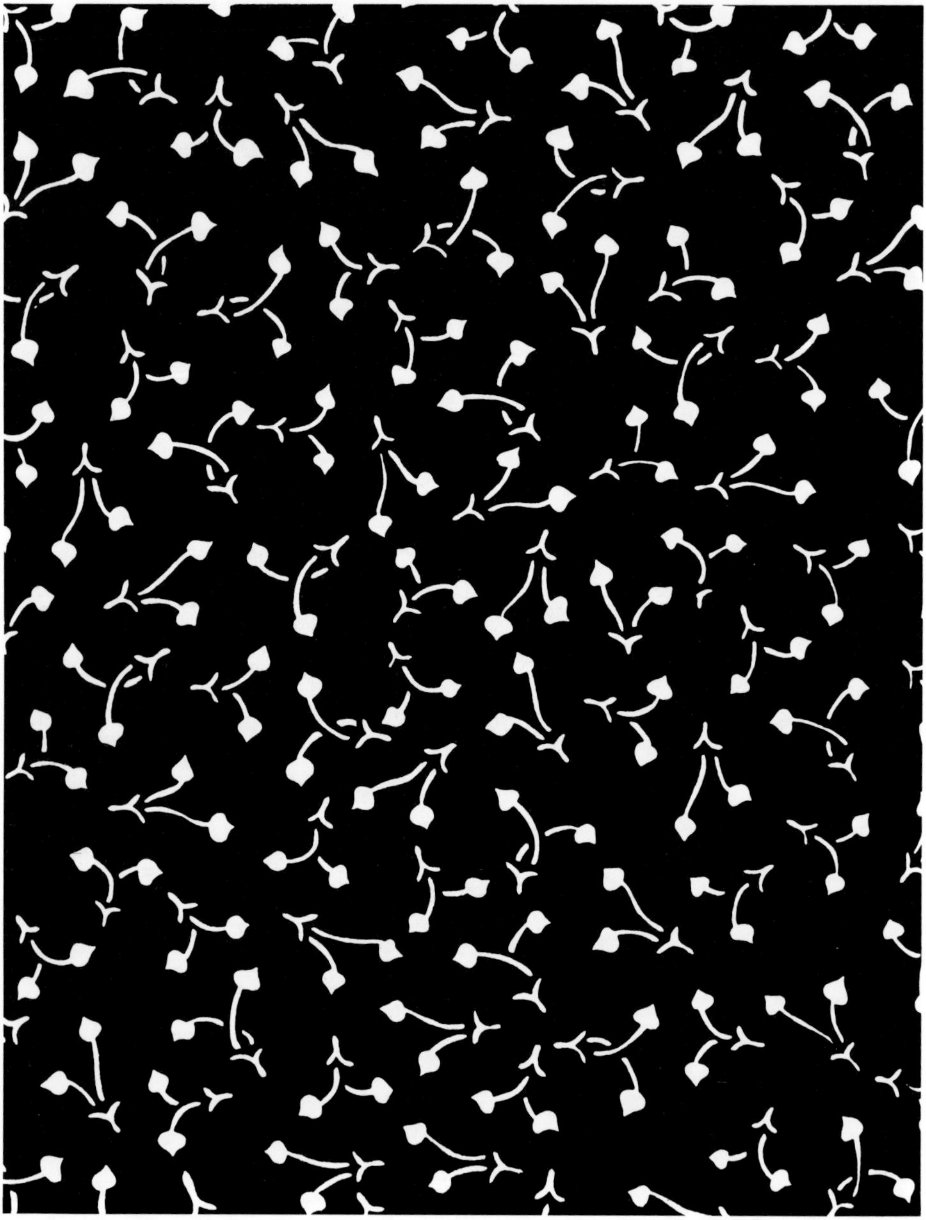

120

120　双葉葵文様

寒葵の地味な葉は、よほど植物好きでないと見過してしまう。徳川家の家紋以来、この文様は江戸柄の主流になった。葉の形を線で描くと可愛いハート型になる。

121　葡萄鳥文様

古伊万里の酒壺につけられていた文様で、奈良時代に渡来した文様を踏襲している。清潔な線とエキゾチシズムが、新しいものが盛んに生産された江戸時代でも、大切に受けつがれていた例である。

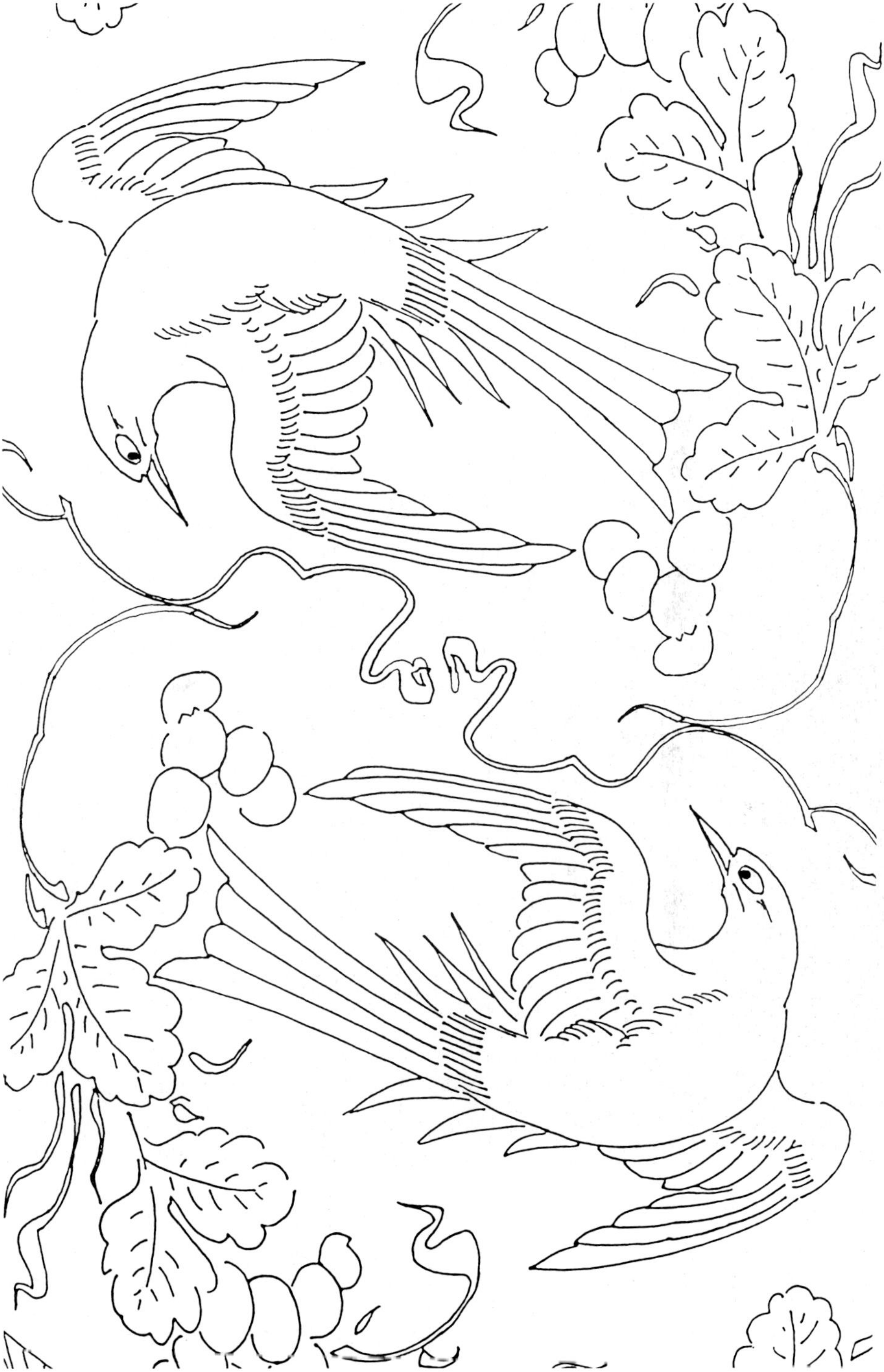

121

122

123

122 宝珠に熨斗(のし)文様

縁起のよいものを二つ一緒にしてある。江戸時代はこの手の方法のものがとても多い。何か良い事に巡り合いたいという庶民の願いが文様の中にもたえず現れている。

123 牡丹文様

突き彫りの小紋で牡丹を描いてある。微妙に点の大小があって輪郭を浮きたたせるのに役立っている。点の発想(あるいは技術)も日本独自のもので、印伝として皮革、小紋で着尺など、用途に応じた使い分けのできる便利さがある。

124

124　牡丹唐草文様

和名では美しい花の形に牡丹と名付けることが多く、蔓草にも牡丹がついてしまうことがよくある。これもその一つだが、おそらく南方系の花で時計草あたりではないかと思う。全体に吊りが入っているので型紙であろう。

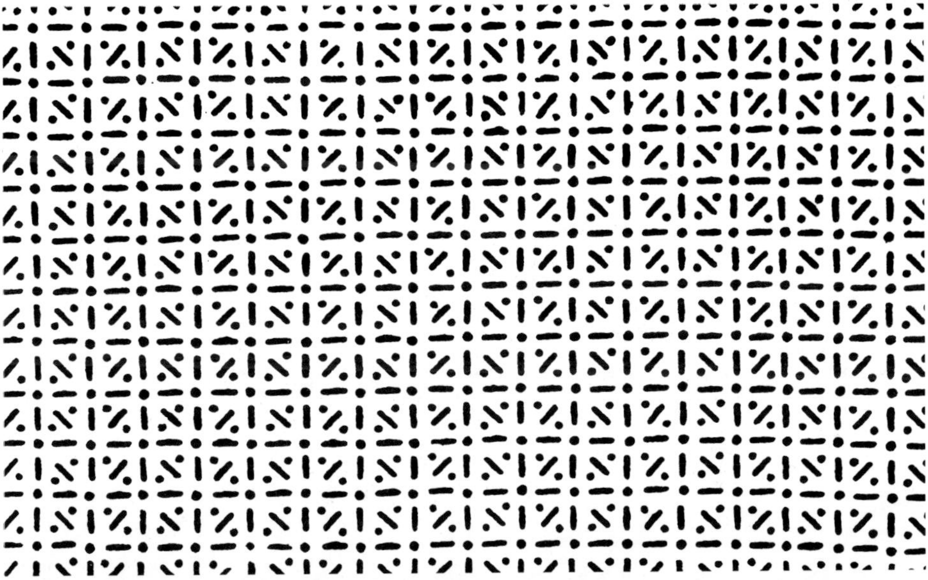

125

126

125 升格子文様

升形の格子がとぎれている。升の中に小の字が並んでいる。ふちが抜けていれば、こぼれてしまうのは当然で中身は少なくなる。江戸庶民の洒落をこれほど端的に、しかも最少の線と点で表現したものはないだろう。

126 松皮菱に菊文様

これはもりだくさんの文様だ。大きく松皮菱をとって、水玉と檜垣を入れて、菊の花をあしらってある。菊の花にしてもさまざまの咲き方を競うように心くばりがゆきとどいて、あたかもまん幕の前の菊見の風情である。

127

128

127　水に雨竜文様

単純でユーモアいっぱいの作品。どうすればあのおそろしげな竜がこんなに可愛くなってしまうのか。生きていること自体が楽しいことだと知っている達人の仕事なのであろう。

128　水に桔梗(ききよう) 文様

やさしい感じの水の流れに桔梗の花が咲いている。桔梗は水草ではないので、山から採集してきた切花を水に浸して水揚げをしているところを文様化したものと思われる。新しい文様を作る時の参考になるのではなかろうか。

129

130

129　三つ大縞文様

歌舞伎文様の一つ。大きい縞で、荒事の時によく身につけている。これはよく流行した文様とみえて浮世絵にしばしば登場してくる。しかも芝居のものにかぎらず町の人たちも身につけていたようだ。

130　三つ葉葵文様

革につけられていることが多いが、転用してどのような素材にも使われるようになった。整然と配列された三枚葉の文様は、三角にも菱にも六角にもなるし、縦、横の縞目に見立てても利用できる用途の広さがある。

131

131　むじな菊文様

菊の花弁だけが全体の空間をうずめているので一見無地のようにみえるところからむじな菊と称している。重なり合って厚みと重量感のある文様で、着尺によく用いられていた。

132　紋付蝙蝠（こうもり）と瓢簞（ひょうたん）文様

蝙蝠は福を運ぶものとして古来珍重されてきた。とくに中国では祝いの席には蝙蝠の絵を使うことが多い。同様に瓢簞も縁起のよい印とされている。この二つを組合わせ、さらに紋まで背負って小憎らしいほど洒落た文様になっている。

132

133

133　柳縞文様

縞文様は昔高級なものであったらしく、糸扁に高と書いて当ててある。これは縞に柳の葉がついているから、さらに高級なもののはずである。三本ずつ寄せて直線で柳の枝を作り、その各々が微妙にゆれているところは縞の絶品である。

134

135

134　柳に蝙蝠（こうもり）文様

少しのよどみもない流麗な線で柳の枝と蝙蝠を彫った。飛べる哺乳類なので、どちらつかずの悪いイメージがあるのは近年のこと。昔の日本や中国では吉祥をもたらす生き物として大切にされた。江戸時代に蝙蝠の文様は非常に多い。

135　柳に燕文様

円形を意識した曲線で柳の枝を描き、もっとも無駄のないところに燕を写実的に入れて、躍動感のある文様になっている。まだ芽吹いたばかりの柳が、訪れたばかりの燕と相まって初夏を彷彿とさせる。

136

136　柳に燕文様

型紙に彫られた独特の吊りが初夏の風物詩をいきいきと描きだしている。線の太さに抑揚がないのと少しばかりたどたどしいところがあるが、この場合それがかえって力強い美しさをだしている佳作である。

137　雪輪に桜文様

雪輪の内外に大小の桜の花と葉が置いてあるやさしい感じの文様。温和な美人画で知られる春信が好んでこの文様を美人画に登場させるのもうなずける。

137

138

138　流水に桜文様

若い女性達が身につけるあらゆる物を飾るのにふさわしい華やいだ文様。ピンクや紅の色で仕上げられている場合が多いが、時に藍や緑を使っていることもある。

139　六弥太格子文様

歌舞伎の伝統的文様で、縫箔（ぬいはく）から浴衣まで広く使われている。浮世絵にでてくる役者たちもこの文様をよく着ている。団十郎が六弥太に扮した時に着た正方形の三升をくぐり合わせて繋いである。

139

140

140　割付け文様

文様をつなげたり色を合わせたりするのはなかなか難しいものだ。デザイナーもプリントの現場もこれは苦労の種で、トンボたよりに四苦八苦は昔も同じだった。そこで割付けだけで文様にした逆転の発想でひらき直った。

141　割付け地に桜文様

割付け地をよく見ると正三角の柱だけでできていて、特に描き難い文様ではないことがわかるが、一瞥すると三角と六角が組合わされ重なり合って、複雑に見えて手に負えない感じにさせられる。このあたりに文様の面白さがある。

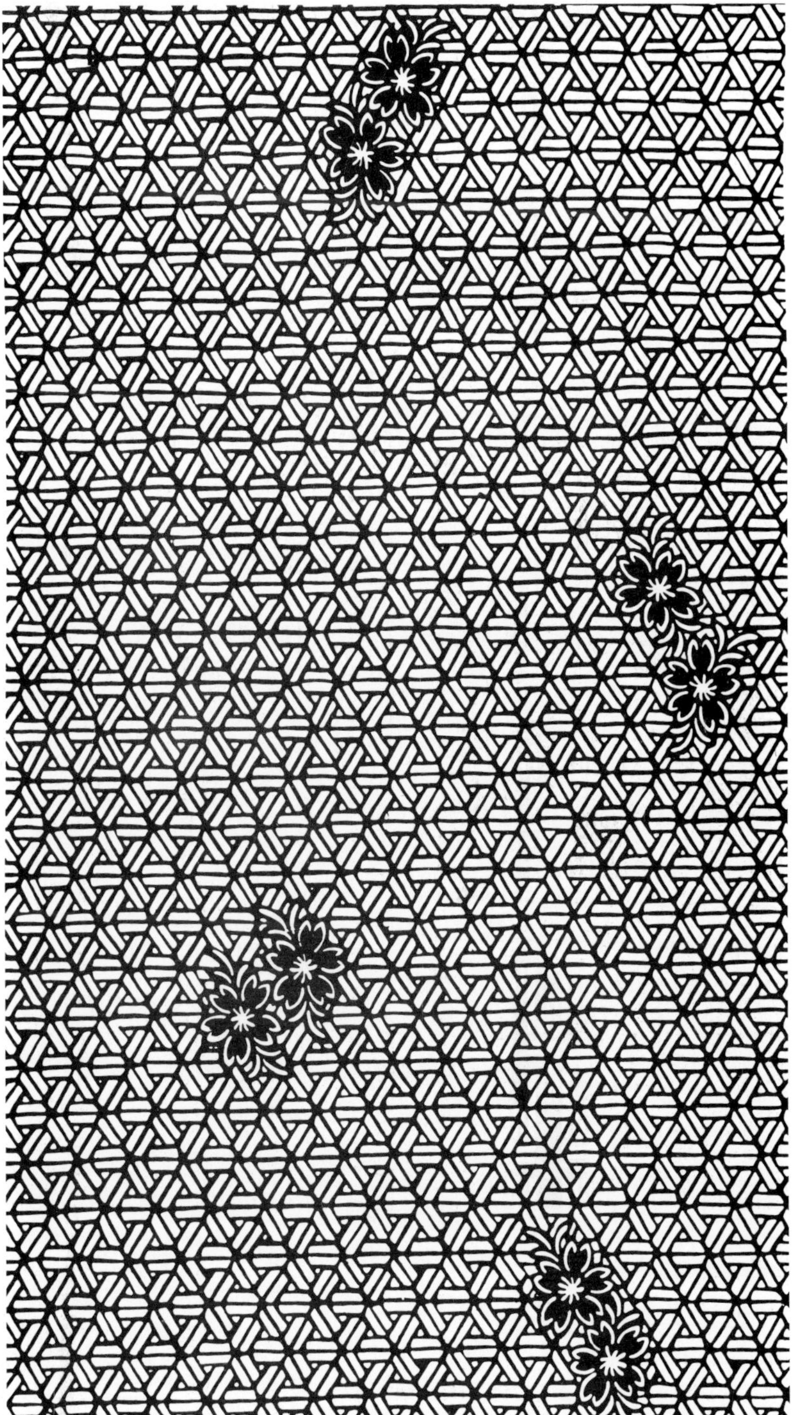

141

カラー図版解説 (6～12ページ)

1　波に千鳥文様
多くの人たちに好まれ、あらゆるものを飾った名品である。特にこれはオリジナルともいえる蒔絵だが、茶の入れ物や豆腐屋の暖簾などにまでこの文様はつかわれていた。

2　草花と鳥文様
エキゾチックな鳥と草花をモチーフにした蒔絵の文様。日本では見ることができないものが入っており、何かに描かれたものから引き写したものと思われる。しかし原点がどこにあっても日本人が消化した時はモチーフ以外すべて日本になってしまう。

3　月と波文様
野々村仁清作の名物茶碗についている文様。黄土色地に呉須の月、群青と緑青の波が描かれている。この造形はそれまでになかった形で琳派の人たちが桃山末から江戸初期に初めて創造した形式である。

4　木蓮文様
九谷焼につけられた文様で、一面松葉でうずめつくした中に木蓮の花が写実的に描かれている。焼物の場合手描きがほとんどなので、文様といっても自由に描いたものが多い。

5　曳舟文様
蓑に笠をつけた三人が舟を曳いている図を素朴な筆で描いてある。川の土手の両側から舟を曳いたので曳舟という地名があるが、これは舟を舫（もや）うための作業を図にしたものだろう。

6　雪輪に水仙文様
これだけのモチーフが織物で作られているのに驚かされる。しかも流麗な線で。水仙の写実。そして雪を一度解体し、実像に迫ったのち形式化した雪輪という秀作を生み、この二つを合体させた素晴らしいセンスがここでは見られる。

7　間道（かんどう）花文散らし文様
楽符の上に桜の花が散っているような錯覚がする作品。花も全部揃っているものから四枚三枚二枚そして単弁とあるし、雄しべの残ったものもある。これは音符として、もうすこし意図的に並べたらサティの曲ができるかもしれない。

8　唐草文様
金欄手の焼物につけられた金箔の文様もこの頃さかんに制作された。華やかな朱色地に金欄の鮮やかな技巧は、高貴なものとして絶賛を受けた。

9　あぜ道文様
山合いの畑か田んぼを、とらわれない形で描く。あぜ道のところどころには、刈り取ったあとに残されたように草が生えている。自然を確かな目でみながら全体をつなげるように、配慮もおこたっていない。

10　露芝文様
あらゆる文様の中でもひときわすぐれている雪の芝。同じ系列の中にあって、雪はほぼ円を描き芝は弧を描く。自然を創りかえたデザインの中の逸品であろう。

11　遠山桜文様
仁清の壺にも描かれているが、これは古い千代紙。山の霞の間に満開の桜が咲いている。風景を写しとっているが、写実風にならず文様としてすぐれたものになっていて、春景色を現実以上に想像させてくれる。

12　結び文文様
原図は千代紙。紙の端を薄色で染めた結び文が茶色地に散っている。思いのたけがいっぱい。

13　梅文様
空色の地に梅の花。少しあどけないような花が、手すさび用の千代紙として暖かいやさしさを見せている。

14-15　絵奉書文様二種
千代紙は版木によって摺られるが、絵奉書は必ずしも版木によることはなく、これも捺染の技術で茶入や花、蛇の目など生活に密接したものを染めつけてある。

用語解説

印花布(いんかふ)　中国で作られた文様染めで彩印花布ともいう。周時代に輸出されていたというから大変に古く、しかも優れた文様布である。木版に型を彫って藍で摺っていた。日本では木版型の染めものは非常に少ない。

絵奉書(えほうしょ)　江戸の千代紙に対して西の方では絵奉書といっている。もちろん歴史は絵奉書の方が古い。どちらかといえばこってりした文様の多いのが絵奉書の特徴であり、技法も木版だけでなく型置染めなど千代紙に比べて多彩である。

飛白(かすり)　織物の一種で、濃色地に白で文様が置かれている。この文様のエッジの部分が周辺にいくほどぼけて、かすれて見えるところから、かすり文様と称している。印刷でグラデーションを作るように、織目の色の数の増減で出来る。薩摩飛白や琉球飛白が有名。

間道(かんどう)　一口で言えば縞文様だが、織りのものを指す。一本の縞の中に複雑に交叉した糸がからみ合っている名物裂で、のちに染めで作られた単純な縞文様とは厳密に区別される。

燻革(くすべ)　武具として革は欠かせなかった。文様をつけ、その革を燻して定着させる技術ができて武具にも装飾がほどこされるようになった。甲州印伝はこの技術を踏襲している。

小紋(こもん)　紙型に彫った文様で、染色に使うものはかなり大きい柄まで小紋と称している。厳密にこの位の大きさまでが小紋という基準はない。ただふだんみなれた感覚で仕分けているにすぎない。緻密な江戸小紋に対して、やや大型のものを中板（ちゆういた）という呼び方をしている。小紋を彫るには実にこまかい道具が必要で、たとえば丸ノミは千枚通しのような突きノミの先端に穴があいていて、回転させながら彫ると丸く渋紙に穴があくように作られている。代表的な鮫小紋などはこれで彫られる。鋭利な刃の彫刻刀や三角に彫れる刀など、彫師が工夫して道具まで創作する。ちなみに型紙彫りの台は豆腐を干したものを使う。

蜀江錦(しょっこうにしき)　もともとは中国の蜀江で織られた名物裂なので、この名称がある。基本形は八角と四角が交互に並ぶように構成されている。渡来したのは、江戸期以前だが、のちにバリエーションが数多く生産された。

吊り(つり)　型紙を切る時に肝腎な文様を切り抜いてしまわないように、つなぎの役目として残したものを吊りという。たとえば二重丸のようなものを作りたい時には内側の円を切るのはどうということもないが、内側にそって外側の円を切り抜くと内側の円は外側の円と一緒にとれてしまう。これをさけるために一方ないし四方につなぎの箇所を残しておく。これを専門用語で吊りと呼んでいる。

蒔絵(まきえ)　うるし工芸の中で金銀を使って絵にしたものを蒔絵といっている。文箱や机など多種類の工芸品にこの技法が使われた。砂子や梨子地の金仕事は後に蒔糊として衣裳の染めにもとりいれられた。

名物裂(めいぶつぎれ)　室町時代、中国南蛮貿易によって渡来した高級織物。主として茶掛の表具や茶道具の袋に加工され、好事家に珍重された。

有職文様(ゆうそくもんよう)　宮廷儀式の故事にならって、しきたり用に定めたものが有職文様である。したがって昔はごく限られた人だけが身につけることを許されていたが、現代ではこの優れたモチーフを母体とした文様をさまざまに使っている。

琳派(りんぱ)　光悦を中心としたグループを一般に琳派と呼んでいる。光悦、光琳、宗達、乾山と桃山から江戸初期にかけて、書、絵画、蒔絵、陶芸など美術のあらゆるジャンルを手がけ、名品を残した。

●あとがき

『日本文様事典』の第二冊目は江戸編になった。一冊目に比べ、さらに実用的に使えるよう、バリエーション豊かなものを収録したので、すぐにでも応用できるのではないかと思う。

この巻を作るにあたって、民芸品を厖大な数で集めておられる設楽保氏の所蔵品から数多く写生させていただいた。氏は草津温泉で宿を営みながら、コレクターとして江戸期の民芸品を集められ、自力で民俗館を建て、広く一般に公開されている。快く幾日かの取材につきあってくださった。厚くお礼申しあげる次第である。

●参考文献

「原色日本の美術17　浮世絵」　菊地貞夫　小学館
「浦野理一染色抄　万華譜」　浦野理一　文化出版局
「伝統中形　万華集成」　日本染色美術館編　京都書院
「染の型紙」　京都国立博物館編・発行
「染の型紙　江戸型の発見」　杉浦信彦編　講談社
「染めの事典」　朝日新聞社
「花鳥風月」（別冊太陽愛蔵版）　平凡社

片野孝志（かたのたかし）1934年、東京生まれ。版画家。主な著書『日曜プリンター』(印刷学会出版部)、『染紙の技法』(総合科学出版社)、『日本文様事典』(河出書房新社)。

●ブックデザイン＝渋川育由＋西垣泰子

●河出書房新社担当＝三村泰一

江戸文様事典　1987年6月20日初版印刷　1987年6月30日初版発行

著　者＝片野孝志
発行者＝清水　勝
発行所＝河出書房新社
東京都渋谷区千駄ヶ谷2—32—2　〒151
電話　(03)404—8611〔編集〕　(03)404—1201〔営業〕
振替　東京0—10802
印刷・製本　大日本印刷株式会社

ISBN4-309-26085-3